Torsten Schrodt

Schwul-lesbische Jugendarbeit als sozialpädagogische Herausforderung und sozialpolitische Aufgabe

GRIN Verlag

Bibliografische Information der Deutschen Nationalbibliothek:

Die Deutsche Bibliothek verzeichnet diese Publikation in der Deutschen National-
bibliografie; detaillierte bibliografische Daten sind im Internet über http://dnb.d-
nb.de/ abrufbar.

Impressum:

Copyright © 2004 GRIN Verlag GmbH
Druck und Bindung: Books on Demand GmbH, Norderstedt Germany
ISBN: 978-3-638-72680-1

Dieses Buch bei GRIN:

http://www.grin.com/de/e-book/30949/schwul-lesbische-jugendarbeit-als-sozialpa-
edagogische-herausforderung-und

Schwul- Lesbische Jugendarbeit

als sozialpädagogische Herausforderung und sozialpolitische Aufgabe

Diplomarbeit an der Ev. Fachhochschule Rheinland-
Westfalen- Lippe im Studiengang Sozialpädagogik

von

Torsten Schrodt

Bochum, den 10.08.2004

Gliederung

1. Einleitung

In der vorliegenden Diplomarbeit beschäftige ich mich mit zielgruppen-spezifischen Angeboten der Jugendarbeit für schwule und lesbische Jugendliche, die bisher in der Jugendarbeit, Jugendforschung und Jugendpolitik eine wenig beachtete Zielgruppe darstellen. „Gilt nach wie vor Jugendsexualität und spezifisch, gleichgeschlechtliche Orientierung bei Jugendlichen als ein Tabu. Ein Tabu, welches allerdings massive Auswirkungen auf die Lebenspraxis von vielen jungen Menschen hat, die zwischen Isolation, kommerzieller Subkultur und Selbstverunsicherungen ihren als anders zu klärenden biographischen Entwurf zu entwickeln haben." (Hofsäss 1999a: 7).

Neben der verwendeten Literatur fließen in diese Arbeit zahlreiche persönliche Erfahrungen aus der schwul- lesbischen Jugendarbeit ein. Da ich in diesem Bereich seit mehr als 5 Jahren nebenberuflich tätig bin, bin ich parteiisch für die besondere Berücksichtigung von schwulen und lesbischen Jugendlichen in der Jugendarbeit. Zu klären war es für mich daher im Rahmen dieser Arbeit, wie ein geeignetes Angebot der Jugendarbeit für diese Zielgruppe gestaltet sein könte und wie es im Rahmen der deutschen Jugend- und Sozialpolitik umzusetzen ist. Um ein geeignetes Angebot zu entwickeln, betrachte ich zunächst die Lebenslagen der Zielgruppe und sozialpädagogische Rahmenkonzepte, um hieraus eine Konzeption für ein mögliches Angebot zu entwickeln. Im nächsten Schritt betrachte ich den Rahmen der deutschen Sozialpolitik, um hieraus Möglichkeiten und Strategien zu entwickeln, wie derartige Angebote umgesetzt werden können. Ich würde mir wünschen, dass diese Arbeit AktivistInnen in schwul- lesbischen Jugendgruppen Anregungen geben würde, eine eigene Konzeption für ihre Angebote zu erstellen und ihnen Wege aufzeigt, den Sozialstaat zu nutzen, um diese Angebote für schwule und lesbische Jugendliche umzusetzen. Nicht zuletzt aus diesem Grund, finden die Aufgaben eines in diesem Arbeitsfeld tätigen Sozialpädagogen, vor allem bei der Darstellung der Angebote besondere Beachtung.

Im Rahmen dieser Arbeit werde ich mich mit den Lebenslagen von Jugendlichen und jungen Erwachsenen im Alter zwischen 14 und 26 Jahren beschäftigen, da dies in der Regel die Lebensphase ist, in der die eigene

Homosexualität für die Jugendlichen zum Thema wird. Auf eine sinnvolle Unterscheidung zwischen lesbischen und schwulen Jugendlichen werde ich, vor allem auf Grund der notwendigen Beschränkung verzichten müssen. Da die meisten mir vorliegenden Untersuchungs- und Umfrageergebnisse sich vornehmlich auf schwule und lesbische oder aber nur auf schwule Jugendliche beziehen, wäre zu hinterfragen, ob die dargestellten Lebensumstände ebenso auf lesbische Mädchen und junge Frauen zu treffen.

2. Jugend auf der Suche – Die Lebenslagen von Jugendlichen zu Beginn des 21. Jahrhunderts

Wenn man sich mit Jugendarbeit beschäftigt, ist es zwingend notwendig sich zunächst ausführlich mit den Lebensumständen der Zielgruppe zu beschäftigen. Nur so ist es möglich die Bedürfnisse und Interessen der Zielgruppe zu ermitteln, um anschließend adäquate und zielgruppengerechte Unterstützungsangebote zu entwickeln.

Selbstverständlich sind die Lebenslagen von Jugendlichen geprägt durch die gesellschaftliche Situation in der sie aufwachsen, und die für sie sich wandelnde Entwicklungsaufgaben vorhält. Nach wie vor stehen zwei Entwicklungsaufgaben für die Jugendphase im Vordergrund. Zum einen wird von Jugendlichen erwartet, dass sie sich zu eigen- und selbstständigen Persönlichkeiten entwickeln und zugleich in die bestehende Gesellschaft integrieren.

Die gesellschaftliche Situation, in der Jugendliche aufwachsen wird in durch den von Ulrich Beck (1986) geprägten Begriff der „Risikogesellschaft" treffend bezeichnet. „Dieser Begriff weist auf einen (…) anhaltenden gesellschaftlichen Prozess der Individualisierung (hin)" (Böhnisch 1997: 25). Dieser Prozess geht einher mit Endtraditionalisierung und ermöglicht so eine Pluralisierung von Lebensformen und einer ungeahnten Freizügigkeit und Chancenvielfalt in der Lebensplanung. Gleichzeitig geht er einher mit dem Verlust an Orientierungsmustern und legt somit das Gelingen verstärkt in die Hände des Einzelnen, verbunden mit der Notwendigkeit von eigenen Entscheidungen (vgl. Gudjons, 1999). Damit liegt das Risiko des Misslingens verstärkt beim

Individuum, welches bei Misslingen „umso tiefer abstürzt" (Sickendiek u.a. 2002: 161). Hiermit stellt sich der Prozess der Individualisierung gleichzeitig als Chance (auf Individualität) und Risiko (von Versagen) dar. Durch diese gesellschaftlichen Veränderungen sind Jugendliche gleichermaßen betroffen wie Erwachsene. Auch sie stehen vor einer Vielfalt von Optionen und damit verbundenen Risiken, welche ihnen Entscheidungen ermöglichen und zugleich abverlangen, die teilweise ihr ganzes Leben prägen. Jugend ist somit kein abgeschlossener Schon- und Experimentierraum mehr, sondern muss (von den Jugendlichen) biographisch bewältigt werden (vgl. Böhnisch, 1997). Die Entwicklungsaufgaben der Personalisation und Integration gestalten sich für Jugendliche zunehmend schwierig, fehlen ihnen doch wichtige Orientierungsmöglichkeiten, um ihren eigenen Weg zu finden. Schon früh stehen sie der Aufgabe entgegen zu schauen, „dass ihre Biographie im Fluss bleibt." (Böhnisch, 1990: 16) und biographisch wichtige Weichen stellen. So müssen Jugendliche darauf achten, dass sie gut ausgebildet sind. Denn auch wenn ihnen dies keinen Arbeitsplatz garantiert, erhöht es dennoch ihre Chance nicht dauerhaft von Arbeitslosigkeit betroffen zu sein. Dieses Beispiel zeigt deutlich, dass Jugendliche unter dem enormen Druck stehen ihren eigenen Lebensweg / Lebensstil zu finden. Gleichzeitig sollen sie „offen, flexibel, optionsbereit und fungibel und (..) bei sich, mit sich identisch, sozialemotional geborgen sein" (Böhnisch, 1997: 135). Hiermit ist eine Spannung zwischen Flexibilität und Festlegung aufgezeigt, die das Jugendalter prägt. Jugendliche müssen so einen Weg finden, über Sich- Ausprobieren und Experimentieren ihr eigenes Selbst zu finden und zu festigen und zugleich durch richtungweisende Entscheidungen ihre eigene Biographie planen. Hierbei müssen sie sich möglichst viele Handlungsoptionen eröffnen und offen halten. So ist das Jugendalter geprägt durch die Suche nach einem eigenen Lebensweg in Bezug auf die Zukunft und zugleich die Suche nach einem geeigneten Lebensstil in der Gegenwart.

Bei dieser Suche nach einem eigenen Lebenskonzept stehen Jugendlichen, auf Grund des Verlustes an standardisierten Normalitätsmustern, wenig Orientierungsmuster zur Verfügung. Die Chance auf eine gesicherte Zukunft ist für die heutige Jugend alles andere als eine Selbstverständlichkeit. Auf Grund von struktureller Arbeitslosigkeit und zurückgehenden Zahlen an Einstiegs- und

Lehrberufen, sind Jugendliche gefordert ihre Basisqualifikationen immer weiter zu steigern (vgl. Belardi, 2001), um in der härter werdenden Leistungs- und Bildungskonkurrenz zu bestehen. „Jeder muss selbst schauen, wo er bleibt. Diese Biographisierung beruflicher Integration hat den Einstieg in die Arbeitswelt zum sozialen Bewältigungsproblem gemacht." (Böhnisch, 1997: 157). Dies prägt vor allem auch den Umgang von Jugendlichen mit der Schule und Gleichaltrigen in der Schule. Hier wird von den Jugendlichen individuelles und intellektuelles Verhalten erwartet (vgl. Baacke, 1985). Die Bedürfnisse nach „zwanglosem Kontakt und Gemeinschaft, nach Anerkennung und Beliebtheit, aber auch nach Bewegung und körperlichem Ausgleich sind hier (in der Schule, T.S.) nur im geringen Maße erfüllbar" (Freese, 1985 nach Böhnisch, 1997: 163). Im Mittelpunkt der Institution Schule steht die Bildungskonkurrenz und nicht das Erfahren von Gemeinschaft, oder das über erproben von verschiedenen Rollen Bilden der Persönlichkeit. Die notwendige, ständige Steigerung der Basisqualifikationen führt zu einer Verlängerung der Jugendphase. Aus der Übergangsphase „Jugend" ist somit eine eigene Lebensphase geworden (vgl. Belardi, 2001). Der gesellschaftliche Wandel und die verlängerte Jugendphase haben auch das Verhältnis zwischen Jugendlichen und deren Eltern verändert. So leben Jugendliche heute in der Regel länger bei ihren Eltern. „Man lebt in einem unentwirrbaren Gemisch aus individueller Selbstbestimmung und materieller Abhängigkeit" (Gudjons, 1999: 144). Dies ist nur möglich durch einen entschärften Ablösungsprozess, der nur dadurch möglich ist, dass die Eltern den eigenen Lebensweg der Jugendlichen akzeptieren. Zu diesem eigenen Lebensweg gehört es, dass Jugendliche heute außerhalb der Schule „gegenwartsorientiert" leben. Dies ist vor allem darin begründet, dass die Zukunft nicht kalkulierbar erscheint. Sie wollen heute etwas vom Leben haben und suchen nach einer „lebbaren Gegenwart" (vgl. Böhnisch, 1990 / Böhnisch, 1997). Jugendliche suchen somit nach einem eigenen jugendlichen Lebensstil und vor allem nach sozialemotionalem Rückhalt, als Ausgleich zu den an sie gestellten Anforderungen.

Auch hier liegt ein Risiko der Individualisierung, da diese häufig mit Vereinsamung und Isolation einhergeht. Dies liegt an dem Verlust an zusammenhaltende Werte und Traditionen; sowie an Erfahrungen traditioneller Milieubildung, die mit Solidarität und dem Gefühl des „Aufeinander-

Angewiesen- Seins" einhergehen, die den Jugendlichen im Rahmen der Bildungs- und Leistungskonkurrenz vorenthalten bleiben (vgl. Böhnisch 1997).

Das Bedürfnis nach Orientierung und sozialemotionalem Rückhalt suchen viele Jugendlichen in den Medien. Für einige Jugendliche, vor allem solche die besonders von Isolation und Ächtung der Gleichaltrigengruppe betroffen sind, sind die Medien der einzige Kontakt zur Außenwelt und stellen stets präsente Partner dar, die sie beachten, ernst nehmen und ihnen das Gefühl geben dabei zu sein. Durch Serien und Wiederholungen bieten sie ihnen zudem das Gefühl von Vertrautheit. Lothar Böhnisch formuliert diesbezüglich die Gefahr, dass die über Medien vermittelte Wirklichkeit dominant werden kann und somit die Orientierung „in der Wirklichkeit des sozialen Nahraumes" immer weniger gelingt. In diesem Falle würden die Medien schon vorliegende Isolation und Vereinsamung sogar unterstützen (vgl. Böhnisch, 1990). Ähnlich wie die Medien bietet auch der Konsum für Jugendliche eine Möglichkeit, durch die Wahl von speziellen und sehr unterschiedlichen Marken, ihre Dazugehörigkeit und gleichzeitig ihre Individualität / ihren eigenen Lebensstil miteinander zu verbinden. Der Konsum stellt somit für viele Jugendliche einen Experimentierraum dar, sich von den Eltern abzugrenzen und neue Rollen, in Form von Stilen und Marken zu erproben, um einen eigenständigen Status und Individualität zu erreichen und darzustellen (vgl. Böhnisch, 1997). In der Nutzung von Medien und Konsum sind in Form von Suche nach Experimentieren mit Rollen und Stilen, Vertrautheit und sozialemotionalem Rückhalt, sowie Orientierung, wichtige emotionale Bedürfnisse von Jugendlichen abzulesen, die wie oben gesehen auf Grundprobleme bzw. Risiken der Individualisierung hinweisen, die durch Elternhaus und Schule nicht in ausreichendem Maße geboten werden können.

Nicht allein, aber auch nicht zuletzt aus diesem Grund, stellt die Gleichaltrigengruppe für Jugendliche eine wichtige Bezugsgröße dar. Nando Belardi u.a. stellen fest, dass Kinder und Jugendliche schon seit längerem ihre Orientierung außerhalb der Herkunftsfamilie suchen (vgl. Belardi, 2001). Er begründet die Tatsache, dass sie als Vorbilder wenig gefragt sind damit, dass sich der bisher übliche Wissens- und Erfahrungsvorsprung der Eltern durch die rasche Wissensvermehrung und den gesellschaftlichen Wandel relativiert, wenn nicht gar aufhebt. Die Altersgruppe stellt für die Jugendlichen Spielraum für emotionale Erprobung dar und bietet ihnen während der Ablösung aus der Familie die Möglichkeit sich aneinander zu orientieren. Dieter Baacke bezeichnet die Gleichaltrigengruppe als „entscheidenden sozialen Lernort" „, an dem die Jugendlichen ihre Selbstinterpretation durch Beziehungen zu anderen vervollständigen" (Baacke, 185: 146). Der Vorteil zu den sozialen Lernmöglichkeiten in der Herkunftsfamilie ist, dass die sozialen Kompetenzen, die in der peergoup gelernt werden, nicht durch Übernahme, sondern durch Interaktion und gemeinsame Aneignung von (Handlungs-)räumen und Stilen entsteht. (vgl Böhnisch, 1997). Der entscheidende Unterschied liegt hier in der Hierarchiestruktur. In der Gleichaltrigengruppe sind Jugendliche in der Regel gleichberechtigt und haben so die Möglichkeit auf gleicher Augenhöhe Rollen zu erproben und ihre Persönlichkeit durch Identifikation oder Ablehnung, Integration oder Separation zu bilden, ohne das dies für sie elementare Auswirkungen hätte. Darüber hinaus bietet die Gleichaltrigengruppe, gerade im Rahmen der Ablösung aus der Herkunftsfamilie die Möglichkeit gemeinsam mit Gleichaltrigen einen eigenen, von dem der Erwachsenen abgrenzenden Lebensstil und eine jugendliche Lebensform zu bilden und zu reflektieren. Hierdurch hat die Gleichaltrigengruppe für die Persönlichkeitsentwicklung der Jugendlichen einen besonderen Stellenwert.

Aber auch bezogen auf das Bedürfnis nach sozial- emotionalem Rückhalt bietet die Gleichaltrigengruppe, die Clique bzw. der Freundeskreis den Jugendlichen die Möglichkeit nach zweckfreiem Zusammensein, Gesprächen und Geselligkeit. Über dieses scheinbar zweckfreie Zusammensein machen die Jugendlichen wichtige Beziehungserfahrungen und können sich in Interaktion mit anderen erproben. Der Freundeskreis / die Clique bietet den Jugendlichen im Idealfall sozial- emotionalen Rückhalt, Anerkennung und Bestätigung.

Bereits aus diesen Überlegungen lassen sich für die Jugendarbeit wichtige Anforderungen deutlich machen. Wichtig ist für die Jugendlichen vor allem die Möglichkeit des Kontaktes zu und des Austausches mit Gleichaltrigen. Aufgabe der Jugendarbeit wäre es demnach Möglichkeiten des Kontaktfindens, des Treffens und des „zweckfreien Zusammenseins" zu bieten. Notwendig sind verloren gegangene Schon- und Experimentierräume, in den die Jugendlichen ihre eigenen Lebensstile entwickeln können. Gerade dem Risiko der Isolation sollte durch die Förderung von Gemeinschaft entgegen gewirkt werden. Die Individualisierung muss um die Gemeinschaft ergänzt werden. Hier hat Jugendarbeit die Möglichkeit und die Aufgabe einen Ausgleich zu Schule und Bildungskonkurrenz zu schaffen. Eine „Insel", auf der die Jugendlichen statt Leistungsdruck und Konkurrenz, Gemeinschaft und Solidarität erfahren. Ebenso ist es für die Jugendlichen wichtig, dass die Jugendarbeit ihnen Orientierungsmöglichkeiten bietet. Neben der Gleichaltrigengruppe, die dies leistet, erscheint es sinnvoll, dass Jugendarbeit und die hier beschäftigten Sozialpädagogen sich mit Jugendlichen als Gruppe oder auch mit Einzelnen immer wieder auf die Suche macht und eine Art Lotzen- Funktion übernimmt.

Auch die Jugendarbeit sollte dem gesellschaftlichen Wandel der Individualisierung Rechnung tragen. Wie oben bemerkt, ist es nicht möglich von „den Jugendlichen" als eine Gruppe auszugehen. Vielmehr zerteilt sich die Jugend derzeit in eine Vielzahl von Szenen und Cliquen. Dies ist Zeichen für die Suche der Jugendlichen nach Individualität und Persönlichkeit. So ist es nicht mehr möglich von „allen Jugendlichen" als Zielgruppe eines Angebotes zu sprechen. Vielmehr sollte Jugendarbeit diese Pluralisierung von Jugendkulturen aufnehmen und jeweils einzelne Gruppen als Zielgruppen definieren. Hierdurch wäre es möglich, für die unterschiedlichen Bedürfnis- und Interessenslagen, aber auch den unterschiedlichen Ausdrucksformen adäquate Angebote zu entwickeln. Dies würde zum einen die Jugendlichen in ihrer Suche nach Orientierung unterstützen und zum anderen entspräche dies eher den Bedürfnislagen von Jugendlichen, was wiederum die Attraktivität der -in Konkurrenz mit verschiedenen kommerziellen Angeboten stehenden- Jugendarbeit steigern würde. Notwendig erscheint es mit bestehenden und sich entwickelnden Jugendszenen Räume zu bieten, um sich zu stabilisieren und eine wichtige Aufgabe für die Entwicklung von Jugendlichen erfüllen zu können. Ergänzend sollte Jugendarbeit hierzu die Begegnung der verschiedenen Cliquen und Szenen fördern und unterstützen, um somit die Handlungsräume von einzelnen Jugendlichen und einzelnen Jugendszenen zu erweitern und zu ergänzen.

Bei all den auch positiven Betrachtungen, der durch Endtraditionalisierung freigesetzten Chancen auf Individualität und selbstbestimmte Lebensplanung ist zu beachten, dass diese Chancen nicht gleichermaßen für alle Jugendlichen offen stehen. Zu bemerken ist hier vor allem, dass die finanziellen und sozialen Ressourcen, die zum Nutzen der Chancen benötigt werden, sehr ungleich verteilt sind. Auch ist zu bemerken, dass die Möglichkeit auf Individualität und selbstbestimmte Lebensführung nicht grenzenlos ist. Weiterhin bestehen gesellschaftliche Normen, Werte und Traditionen, die die Freiheit einzelner Bevölkerungsgruppen einschränken und ihnen die individuelle Lebensführung massiv erschweren. Auch auf Jugendliche dieser Gruppen sollte die Soziale Arbeit und vor allem die Jugendarbeit ihren Blick richten und notwendige Unterstützungsmöglichkeiten bereithalten.

Mit einer dieser Gruppen von Jugendlichen, den schwulen, lesbischen und bisexuellen Jugendlichen sowie ihren besonderen Lebenslagen werde ich mich im nächsten Schritt beschäftigen.

3. Neue Chancen – Alte Zwänge – Die Lebenslagen von schwulen, lesbischen und bisexuellen Jugendlichen

Betrachtet man die Lebenslagen von schwulen, lesbischen und bisexuellen Jugendlichen, so ist es wichtig zu beachten, dass diese zunächst auch Jugendliche sind, die mit allen dazu gehörenden Entwicklungsaufgaben, Schwierigkeiten und Risiken belastet sind, wie ihre heterosexuellen Altersgenossen. Allerdings müssen sie den wichtigen Aufgaben der Personalisation und Sozialisation unter erschwerten Bedingungen gerecht werden. Diese erschwerten Bedingungen resultieren aus dem gesellschaftlichen Umgang mit Homosexualität.

Auch wenn der Individualisierungsschub die gesellschaftliche Situation von Schwulen und Lesben entscheidend verbessert hat (Abschaffung des §175, Lebenspartnerschaftsgesetzt etc.) so gilt Heterosexualität als selbstverständlich und unhinterfragt als soziale Praxis (vgl. Hark, 2000). Neben der beschriebenen Individualisierung und der freien Wählbarkeit von Lebensformen steht nach wie vor die „heteronormative Strukturierung von Lebenschancen, d.h. das bestimmte, nämlich heterosexuell organisierte Lebenswege gesellschaftlich nahe gelegt und privilegiert sind und andere Lebensentwürfe marginalisiert werden." (Hark, 2000: 6). Entgegen dem durch Vorabendserien vorgegaukeltem Bild des „everything goes" zeigen Umfrageergebnisse in der deutschen Bevölkerung und die Erfahrungen vieler Lesben und Schwulen eine andere Situation. So glauben laut einer Umfrage vom Michael Bochow im Jahre 1991 noch 40% der Westdeutschen, „Homosexuelle hätten häufig Verbindung zum kriminellen Milieu." (Hark, 2000: 5). Die Toleranz / Akzeptanz von Lesben und Schwulen endet in der Regel spätestens dann, wenn das eigene Umfeld betroffen ist. Dies fasst Sabine Hark zusammen mit der Aussage: „ Solange sie nicht in meinem Lebensumfeld auftauchen, solange ich nicht behelligt werde, bin ich tolerant." (Hark, 2000: 5).

Dieser Umgang mit Homosexualität hat selbstverständlich Einfluss auf die Erziehung und Sozialisation. „Die Sozialisationsbedingungen und Erziehungsmuster, welche auf Kinder und Jugendliche einwirken, sind unhinterfragt selbstverständlich an heterosexuellen Normen und Wertvorstellungen orientiert. Jugendliche mit gleichgeschlechtlichen sexuellen Neigungen wachsen in einer ausschließlich auf Heterosexualität festgelegten Sozialisations- und Erziehungsräumen und mehr oder minder ausgeprägtem homophoben Umwelt auf." (Hörz, 1999: 46). Das heißt, dass homosexuelle Jugendliche heterosexuell sozialisiert werden. Von Kindheit an erleben sie Heterosexualität als unhinterfragte Norm. Diese Norm wird zunächst selbstverständlich von den Kindern und Jugendlichen übernommen.

So sind die ersten Ahnungen selbst schwul bzw. lesbisch zu sein für die Jugendlichen dramatisch. „Dem Verlangen nach emotionaler und körperlicher Nähe zu Angehörigen des gleichen Geschlechts stehen somit internalisierte Muster der Gesellschaft entgegen" (Hörz, 1999: 47). Sie nehmen sich selbst als anders, als Abweichler, als unnormal wahr. Dies bringt für die Jugendlichen massive Irritationen mit sich und schädigt zunächst das Selbstwertgefühl. Die betroffenen Jugendlichen stehen nun vor der Aufgabe die eigene Homosexualität in ein positives Selbstbild zu integrieren. Dies stellt bereits für einige Jugendliche eine Überforderung dar, mit der Folge, dass sie die eigenen homosexuellen Neigungen lange Zeit vor sich selbst unterdrücken, verleugnen oder separieren. Dies verstärkt selbstverständlich die Schäden am Selbstwertgefühl.

Ein großes Problem stellt es für gleichgeschlechtlich empfindende Jugendliche dar, dass sie in dieser Situation in der Regel keine unterstützenden Gesprächspartner finden. Kaum einer kennt zu diesem Zeitpunkt offen lebende Lesben und Schwule (vgl. Hofsäss, 1999a / Biechele u.a., 2001). Die Herkunftsfamilie kommt für die meisten Jugendlichen nicht in Frage, erwarten sie doch hier statt akzeptierender Unterstützung ablehnende Reaktionen. Diese Befürchtungen sind durchaus realistisch betrachtet man Umfrageergebnisse, wonach 74% der Eltern der Aussage zustimmen: „Ich fände es schlimm wenn meine Tochter oder mein Sohn homosexuell wäre." (vgl. Hark, 2000) und bewahrheiten sich bei etwa der Hälfte der durch Hofsäss befragten Jugendlichen, deren Eltern über die eigene Homosexualität Beschied wissen bei mindestens einem Elternteil (vgl. Hofsäss, 1999a). „Ein knappes Fünftel der Mütter und ein gutes Viertel der Väter akzeptieren die Homosexualität des Sohnes bis heute nicht." (Biechele u.a., 2001: 8). Von der Familie, die den Jugendlichen vor allem sozialemotionalen Rückhalt bieten sollte, können die Jugendlichen in der Regel wenig Unterstützung erwarten. Aus vielen Gesprächen mit schwulen Jugendlichen konnte ich erfahren, dass schon die Ignoranz und Nicht- Thematisierung von ihnen als positive Reaktion gewertet wird.

Auch in der Gleichaltrigengruppe vermuten die meisten schwulen und lesbischen Jugendlichen keine akzeptierenden Gesprächspartner. „Wer in der Schule arbeitet, weiß, dass „schwul" unter den Jungen aller Altersklassen mit das beliebteste Schimpfwort ist" (Biechele u.a., 2001: 1), laut einer im Kölner Stadtanzeiger zitierten Umfrage bei Jugendlichen finden sogar 71% der Jungen Schwule „nicht gut" bzw. „gar nicht gut" (vgl. Kölner Stadtanzeiger v. 6.5.2002). Verständlich, dass es für schwule und lesbische Jugendliche, die täglich auf dem Schulhof oder im Freundeskreis erfahren, dass „schwul" ein Schimpfwort ist, nicht leicht ist, sich in der Gleichaltrigengruppe, bei FreundInnen und Bekannten zu „outen". Aus Angst davor als Schwuler bzw. als Lesbe entdeckt und diskriminiert zu werden, nehmen sich viele Jugendliche im „vorauseilenden Gehorsam" selbst so weit zurück, dass die lesbische und schwule Identität nach außen hin unsichtbar wird (vgl. Kerntopf, 2000), oder ziehen sich vollständig aus der Gleichaltrigengruppe zurück.

Wählen schwule und lesbische Jugendliche doch den Weg des Coming-Out bei FreundInnen, machen sie oft die zuvor befürchteten Erfahrungen der Diskriminierung, Marginalisierung und des Ausschlusses aus der Clique. Am häufigsten nennen die durch Hofsäss befragten Jugendlichen Beschimpfungen / Beleidigungen und Kontaktabbrüche als negative Reaktionen der Gleichaltrigengruppe auf ihr Coming-Out (vgl. Höfsäss, 1999a). Sabine Hark fasst zusammen: „Es ist Isolation, die die Situation von lesbischen und schwulen Jugendlichen bestimmt" (Hark, 2000: 27), da die wichtigsten Lebensfelder von (Familie, peer-group) zugleich die homophobsten sind (vgl. Biechele u.a., 2001: 31).

Die Lebenssituation ist also für viele schwule und lesbische Jugendliche geprägt durch den Ausschluss aus dem Freundeskreis, Isolation, Einsamkeit, Selbstzweifel und Minderwertigkeitsgefühlen. Dies zeigt, dass die homosexuelle Jugendlichen mit zahlreichen psychosozialen Belastungen umzugehen haben, die häufig zu psychischen Erkrankungen führen. So ergeben Studien aus den Niederlanden, dass homosexuelle Männer einem zwei- bis dreimal höheres Risiko unterliegen an Depressionen oder Angststörungen zu erkranken als heterosexuelle Männer (vgl. Biechele u.a., 2001). Auch konnten Umfragen und Untersuchungen aus den USA und Deutschland einen Zusammenhang nachweisen zwischen Suizidverhalten und gleichgeschlechtlicher Orientierung. Schwule und lesbische Jugendliche unternehmen zwischen 4- und 6-mal häufiger einen Suizidversuch als ihre heterosexuellen Altersgenossen (vgl. Hofsäss 1999b).

Durch den Ausschluss aus den sozialen Bezugssystemen Freundeskreis und Familie mangelt es schwulen und lesbischen Jugendlichen an Kontakt- und Kooperationsspielräumen, sowie Experimentier- und Erfahrungsspielräumen bezogen auf soziale Beziehungen, die oben gesehen bedeutend sind für das psychische Wohlbefinden, die Bildung einer eigenen Persönlichkeit und die Integration in die Gesellschaft. Schwule und lesbische Jugendliche stehen somit vor der Notwendigkeit brüchig werdende soziale Netze durch neue zu ersetzen. Hierzu erfahren sie nur selten Unterstützung durch die soziale Arbeit, auch fehlen ihnen wichtige Vorbilder, die ihnen die Homosexualität als „normale Lebensweise vermitteln (vgl. Hörz, 1999: 41).

„Was es gibt ist die schwule Szene mit ihrer eher sexuellen Orientierung" (Biechele u.a., 2001: 13). Als Sozialisations- und Enkulturationsraum muss die schwule Szene allerdings abgelehnt werden, da die hier verkehrenden Schwulen faktisch älter sind und das hieraus resultierende Kompetenzgefälle eine Kontaktfindung auf gleichem Niveau verhindert. Dies reduziert auch die Chance auf positiv wahrgenommene sexuelle Erlebnisse. „Das Bild, dass sexuelle Initiation im Regelfall eine gemeinsame Erkundungsreise zweier Unerfahrener sei, gilt für schwule Jugendliche nicht." (Biechele u.a., 2001: 14). 14 % der befragten Jugendlichen erlebten den ersten Sex mit einem Mann der 10 Jahre oder mehr älter war als sie.

Zwar bietet die schwul- lesbische Szene den Jugendlichen in der Regel Kontakt zu Schwulen und Lesben sowie mögliche offen homosexuell lebende Vorbilder, sozialemotionalen Rückhalt und freundschaftlichen Kontakt zu Gleichaltrigen finden sie allerdings in der Regel nicht.

Zusammenfassend kann ausgesagt werden, dass die Entdeckung der eigenen Homosexualität für Jugendliche eine kritische und zu bewältigende Lebensphase einleitet, die mit enormen Risiken einhergeht und in der die Jugendlichen überwiegend auf sich allein gestellt sind. Diese Krise überschattet für die betroffenen Jugendlichen die Lebensphase Jugend und lässt ihnen wenig Raum für die Bewältigung jugendtypischer Schwierigkeiten.

Aufgabe der Jugendarbeit sollte es sein, Kontaktmöglichkeiten für homosexuelle Jugendliche bereit zu stellen und somit Begegnung und Beziehungen zu anderen schwulen Jugendlichen zu ermöglichen, die die Grundlage dafür darstellen, eine individuelle schwule Identität bilden zu können (vgl. Biechele u.a., 2001). In einem vor Diskriminierung und Verächtlichmachung geschützten Raum sollen die Jugendlichen ihre Homosexualität als etwas völlig normales erfahren, wichtige soziale Erfahrungen machen und eine akzeptierende peer-group bilden können, die die brüchig gewordenen sozialen Netze ersetzen und einen sozialemotionalen Rückhalt bieten kann.

Schwule und lesbische Jugendgruppen, die mittlerweile aus dem Engagement der schwul- lesbischen Selbsthilfe in vielen größeren Städten entstanden sind, bieten vielen schwulen und lesbischen Jugendlichen einen solchen sozialen Ort. Diese ersten Ansätze schwul- lesbischer Jugendarbeit sind allerdings, da sie von dem Engagement Einzelner abhängig sind, sehr brüchig. Auch stellen sie, auf Grund einer geringen Ausstattung an räumlichen, personellen und professionellen Ressourcen nur eine Minimalversorgung dar. So wird sich der zweite Teil dieser Arbeit damit beschäftigen, ein Bild zu zeichnen von einer Jugendarbeit für schwule und lesbische Jugendliche, die an den Bedürfnissen und Interessen der Zielgruppe, sowie an den notwendigen Entwicklungsaufgaben orientiert ist.

4. Zielgruppenspezifische Jugendarbeit für homosexuelle Jugendliche

Für die Jugendarbeit stellt die Hinwendung zu einer bestimmten Zielgruppe einen Perspektivwechsel dar. Werden doch die bestehenden Angebote in der Regel für alle Jugendlichen konzipiert. So stellt sich die Frage, ob die besondere Berücksichtigung einer einzelnen Zielgruppe sinnvoll und notwendig ist.

Tatsächlich können besondere Angebote für schwule und lesbische Jugendliche der Zielgruppe, die sich aus Angst vor Diskriminierung durch herkömmliche Angebote der Jugendarbeit offensichtlich nicht angesprochen fühlt, einen wichtigen Sozialraum eröffnen, an dem sie Kontakt zu anderen schwulen und lesbischen Jugendlichen finden, sich mit ihnen über gemeinsame und individuelle Lebenslagen austauschen oder einfach nur zwanglos zusammen sein können. Besondere Angebote der Jugendarbeit bieten jungen Lesben und Schwulen einen diskriminierungsfreien Ort, an dem sie sich Ausprobieren und mit Rollen und Beziehungen experimentieren können. Hierdurch leisten sie für schwule und lesbische Jugendliche einen wichtigen Beitrag zur Persönlichkeitsbildung. An diesem geschützten sozialen Ort kann der Jugendliche seine Persönlichkeit, nicht wie sonst überall durch Abgrenzung, sondern durch Interaktion und Identifikation bilden (Hörz, 1999: 51)

Zusätzlich unterstützen Angebote wie schwul- lesbische Jugendgruppen die Bildung eines Freundeskreises, der dem Jugendlichen den wichtigen, sozialemotionalen Rückhalt bietet.

Allgemeine Angebote der Jugendarbeit vermögen diese Unterstützung nicht bieten, da sich die schwulen und lesbischen Jugendlichen, z.B. in Jugendhäusern nicht des vorbehaltlosen Schutzraums sicher sein können und sich daher, wie auch sonst in der heterosexuellen Gleichaltrigengruppe eher zurücknehmen und nicht als Lesben und Schwule in Erscheinung treten. Dies begründet auch die Erfahrung von PädagogInnen in Jugendeinrichtungen, die mit dem Thema Homosexualität bei Jugendlichen in der Regel nicht konfrontiert werden. Laut Erfahrungen des Sozialwerk für Lesben und Schwule e.V. / Köln stellt es für die Jugendlichen eine Überforderung dar, „in einer überwiegend heterosexuellen Umgebung zu ihren Gefühlen stehen zu sollen" (Sozialwerk nach Hark, 2001: 28).

Auch widersprechen besondere Angebote der Jugendarbeit für schwule und lesbische Jugendliche nicht der Integration von Lesben und Schwulen. „In einer vom normativen Druck der kulturellen Selbstverständlichkeiten geprägten Gesellschaft beginnt die Integration der Nicht- Integrierten mit der Selbstbewusstwerdung im Kontext der Minderheitenkultur und dementsprechend mit der parteiischen Arbeit für die emotionalen und sozialen „Outlaws"" (Hörz, 1999: 58). Wichtig ist jedoch die Netzwerkorientierung der Angebote, um den Jugendlichen, nach der Selbstbewusstwerdung z.B. über gemeinsame Veranstaltungen mit anderen Jugendeinrichtungen Gelegenheiten zu bieten, Kontakt auch zu heterosexuellen Jugendlichen zu finden und sich außerhalb des schwul- lesbischen Schutzraumes zu orientieren. In diesem Zusammenhang ist zudem zu bedenken, dass auch schwule und lesbische Jugendliche sich den größten Teil ihres Alltags in rein heterosexuell geprägten Sozialräumen (Elternhaus, Schule, Freundeskreis) aufhalten und somit nicht von der übrigen Welt isoliert leben. Der Aufenthalt in Orten der schwul-lesbischen Szene, wie z.B. schwul- lesbischen Jugendeinrichtungen bietet den Jugendlichen somit lediglich eine Ergänzung bzw. einen Ausgleich.

5. Sozialpädagogische Rahmenkonzepte für die schwul-lesbische Jugendarbeit

Bevor ich auf konkrete Angebote für lesbische und schwule Jugendliche eingehe, stelle ich 4 sozialpädagogische Rahmenkonzepte vor, die, miteinander kombiniert die Grundlage für spezielle Angebote der Jugendarbeit bieten können.

5.1. Alltags- und Lebensweltorientierung

Sinnvoll erscheint mir als Grundlage für Unterstützungsangebote für schwule und lesbische Jugendliche das, vor allem durch Hans Thiersch geprägte sozialpädagogische Rahmenkonzept der Alltags- und Lebensweltorientierung. Ziel dieses Konzeptes ist die Hinwendung der Sozialen Arbeit zu und in die Lebenswelt und den Alltag der Adressaten.

Mit dem Alltag ist in diesem Zusammenhang die individuelle, komplexe und subjektiv selbstverständlich erscheinende Wirklichkeit des Adressaten gemeint. Die Lebenswelt schließt den Alltag und alle weiteren individuell möglichen Alltage des Adressaten ein und stellt somit eine Art Überbegriff dar für Lebensbereiche des Adressaten.

Mit dem Rahmenkonzept der Alltags- und Lebensweltorientierung wird sowohl ein normatives Ziel für die Unterstützungsangebote, eine grundsätzliche Haltung zu den Adressaten und seinen Problemlagen und Grundlagen, bzw. eine Richtschnur für Unterstützungsangebote geliefert.

„Ziel der Intervention ist dabei die Unterstützung bei der Konstitution eines gelingenden Alltags" (Galuske, 2001: 142). Dieses Grundziel lässt einen hohen Interpretationsspielraum vor allem für die Adressaten von sozialpädagogischen Angeboten. Hierdurch zeigt sich, dass das Ziel nicht formuliert ist auf einen speziellen Problembereich oder Problemlagen, sondern offen ist für die alltäglichen Schwierigkeiten und Täuschungen der Adressaten. Dadurch wird die Soziale Arbeit aufgefordert sich der Komplexität des Alltages und der Lebenswelten der Adressaten zu öffnen, diese zu erfassen und auf Vereinfachungen zu verzichten (vgl. Galuske, 2001). Sozialpädagogen müssen sich daher immer wieder einlassen auf den individuellen Alltag des Menschen, und ohne Sortierung und Vereinfachung die Lebenswelt und den Alltag des Klienten, mit der dazu gehörigen Sinngebung durch das Individuum erkennen und erfassen. Bei diesem Versuch sich dem Alltag und den Lebenswelten zu nähern ist der Adressat nicht länger „Klient" oder „Objekt" der Analyse und Intervention, und der Sozialpädagoge derjenige, der „im Grunde genommen besser weiß, was für den Klienten gut ist" (Galuske, 2001: 142), sondern wird der Adressat selbst zum Experten seiner Lebenswelt, ohne dessen Hilfe der Professionelle die individuelle Sinngebung, die Handlungsinteressen und die Alltagswelt nicht erfassen, und ohne den eine Intervention nicht gelingen kann. Das bedeutet auch, die Selbstständigkeit und die Entscheidungsfähigkeit des Adressaten zu akzeptieren und sich mit ihm gemeinsam auf den Weg zu machen, das individuelle Ziel und den individuellen Weg auszuhandeln.

Der Alltag und die Lebenswelt sollten allerdings nicht nur als der Ort wahrgenommen werden, in dem die Schwierigkeiten entstehen und deutlich werden, sondern auch als der Ort, an dem genau diese Schwierigkeiten und Probleme auch gelöst und bewältigt werden können und sollen. Hierzu ist es wichtig den Alltag auch als Lernort der Klienten zu begreifen, an dem der Adressat über eine Vielzahl von Handlungsmöglichkeiten und Ressourcen verfügt. Die Hilfen müssen, sollen sie nachhaltig auf den Adressaten wirken und ihm neue Handlungs- und Lösungsmöglichkeiten für alltägliche Schwierigkeiten zur Verfügung stellen, rückgebunden an den Alltag und die Lebenswelt sein und dürfen keine Fremdkörper darstellen. Hierzu ist es sinnvoll die Hilfen im Alltag des Klienten zu organisieren (vgl. Galuske, 2001) und Angebote möglichst „dort zu lokalisieren, wo die Adressaten ohnehin vorbeikommen" (Sickendiek, 2002: 164).

Um der Komplexität des Alltags gewachsen zu sein und gerecht werden zu können, benötigen Sozialpädagogen ein breites Methodenspektrum. Nur so können sie sich selbst entlasten, Verstehen sichern, Handeln planbar, sowie Erfolge und Misserfolge kontrollierbar machen. Um die lebensweltorientierte Offenheit dennoch zu erhalten, dürfen Methoden nicht als schematisch anzuwendende Technik verstanden werden, sondern vielmehr als flexibel nutzbare Instrumente (vgl. Galuske, 2001).

Insgesamt halte ich dieses Rahmenkonzept für die Jugendarbeit und vor allem auch für die Jugendarbeit mit schwulen und lesbischen Jugendlichen für besonders geeignet, öffnet es doch den Blick für die Lebenswirklichkeiten der Zielgruppe. Dazu wirkt es genau durch seinen Alltagsbezug und die Präferenz zu niedrigschwelligen Angeboten wenig stigmatisierend, und unterstützt durch seine grundsätzliche Haltung gegenüber den Adressaten, die durch Akzeptanz und Solidarisierung getragen ist und den Adressaten als, im Hilfeprozess handelndes Subjekt begreift, die Selbstbewusstwerdung der Jugendlichen. Durch die präventive Haltung, die nicht festgelegt ist auf einzelne Problemlagen, ermöglicht dieses Rahmenkonzept den Adressaten individuell und ganzheitlich zu unterstützen.

5.2. Biographisch orientierte Sozialarbeit

Lothar Böhnisch ergänzt die Lebensweltorientierung durch die Biographieorientierung. Hiermit legt er den Fokus auf den individuellen Lebensweg des Adressaten. Gerade in der Zeit der Individualisierung, die es vom Menschen abverlangt seinen eigenen Lebensweg individuell zu gestalten, ist dieser Fokus hilfreich. So wird durch dieses Rahmenkonzept der Mensch in seinem biographischen Gewordensein betrachtet und verstanden. Durch die Biographieorientierung nimmt die Sozialpädagogik die Herausforderung an, den Adressaten bei der Bewältigung seiner individuellen Biographie zu unterstützen. Die soziale Arbeit hat somit die Aufgabe den Adressaten Unterstützung zu geben und Kompetenzen zu vermitteln, mit denen sie ihre Handlungsfähigkeit, gerade in schwierigen Lebenssituationen wiedererlangen „und ihre Biographie wieder in Fluss bringen können" (Böhnisch, 1997: 264). Hierdurch wird eine Zukunftsorientierung beim Blick auf den Adressaten und dessen Leben deutlich. Interventionen sollen möglichst „nachhaltige Interventionen in das biographische Geschehen darstellen" (Böhnisch, 1997: 263), also den Adressaten prägen und ihm für die individuelle Zukunft und Lebensplanung Orientierung und Kompetenzen bieten. Abgeleitet von diesem Ziel ist es notwendig, dass sozialpädagogische Unterstützung in das Selbst- und Weltbild des Adressaten integrierbar ist und nicht als „biographischer Fremdkörper" wieder abgestoßen werden (vgl. Böhnisch 1997).

Dies macht es notwendig, den Adressaten in seinem Gewordensein und seiner Sinnwelt zu verstehen, um passende Angebote zu konzipieren, die integrierbar sind und somit nachhaltige Unterstützung für den Adressaten darstellen.

Auch dieses Rahmenkonzept halte ich gerade für die Jugendarbeit, die es zur Aufgabe hat Jugendliche für die Zukunft zu unterstützen und zu befähigen, für sehr sinnvoll. Neben dem Ziel der gelingenden Gegenwart tritt somit auch das entwicklungsorientierte Ziel der gelingenden Zukunft. Jugendlichen bei der Konzeption des eigenen Lebensweges Unterstützung und Orientierung zu bieten, war und ist die entscheidende Aufgabe der Jugendarbeit. Allerdings ist es in Bezug auf die Haltung der jugendlichen Adressaten notwendig, sie auch in ihrem Gewordensein als Persönlichkeiten und nicht als „formbare Masse" wahrzunehmen. Nur wenn Jugendliche als eigenständige Persönlichkeiten wahr- und ernst genommen werden, wird von ihnen ein Unterstützungsangebot angenommen und kann nachhaltige Wirkung haben.

Von PädagogInnen, von denen die homosexuellen Neigungen von Jugendlichen beispielsweise als „Phase" abgetan werden, fühlen sich schwule und lesbische Jugendliche, die aufgrund der Entdeckung der eigenen Homosexualität teilweise mit erheblichen psychosozialen Schwierigkeiten umzugehen haben, verständlicherweise nicht ernst genommen. Unterstützungsangebote würden in einem solchen Fall ebenso wenig angenommen, wie gut gemeinte Medien- und Konsumerziehung, die nicht den Umgang der Jugendlichen mit Medien und Konsum versteht und akzeptiert, sondern statt dessen „Matrix" als irreal und gewaltverherrlichend verteufelt und „Schindlers Liste" zeigt.

5.3. Empowerment

Das dritte Rahmenkonzept, dass ich hier als Grundlage für die Jugendarbeit mit schwulen und lesbischen Jugendlichen anbieten möchte, ist eng verbunden mit der Biographie- und Lebensweltorientierung. In beiden vorangegangenen Rahmenkonzepten wird Wert darauf gelegt, den Adressaten selbst als Experten seiner Lebenswelt und als handelndes Subjekt im Unterstützungsprozess wahrzunehmen. Das Rahmenkonzept des Empowerment bezeichnet Lothar Böhnisch als Leitperspektive biographischer Intervention.

Empowerment stellt keine Methode, sondern vielmehr eine grundsätzliche Haltung dar. Das Ziel dieser Haltung ist die Förderung von Potentialen der Adressaten durch Selbstorganisation. Der Adressat soll durch die sozialpädagogische Unterstützung in die Lage versetzt werden, sich selbst Ressourcen zur Lebensbewältigung zu erschließen und nutzbar zu machen. Dies macht im Unterstützungsprozess durch den Sozialpädagogen eine gesteigerte Sensibilität in der Orientierung der Ressourcen, Stärken und Kompetenzen des Adressaten notwendig (vgl. Galuske, 2001; Sickendiek u.a., 2002).

Grundlage für Empowerment ist vor allem auch die Erkenntnis, dass Unterstützungsleistungen vor allem dann biographie- prägend wirken, wenn der Adressat selbst als handelnde Person eingebunden ist und selbsttätig wird. Die Aufgabe der Sozialpädagogik ist hiernach die „Eröffnung von Möglichkeitsspielräumen zur Selbstorganisation" und Selbsttätigkeit (Galuske, 2001: 266). Mit der gelingenden Eigentätigkeit des Adressaten, die sich selbst Ziele und Grenzen setzt, gelingt zudem eine wichtige Selbstwertschöpfung (vgl. Böhnisch 1997).

Empowerment richtet sich gleichermaßen an einzelne Personen, wie auch an (benachteiligte) Gruppen, die mit die Unterstützung durch die soziale Arbeit gestärkt werden sollen, für sich selbst aktiv zu werden, sich Ziele zu setzen und diese zu erreichen. Unterstützung kann in diesem Zusammenhang die gemeinsame Suche nach Ressourcen und eigenen Kompetenzen oder Orientierungsmöglichkeit im sozialen Umfeld sein.

Die Perspektive des Empowerments mit Blick auf die Kompetenzen und Stärken von Adressaten, mit dem Ziel die Selbstorganisation und Selbsttätigkeit der Adressaten zu steigern, und sie damit zu befähigen ihre Angelegenheiten selbstständig zu erledigen, erscheint mir für die Jugendarbeit unerlässlich. Gerade im Hinblick auf schwule und lesbische Jugendliche, deren Selbstwertgefühl durch die Lebensumstände in der Regel beschadet ist, erscheint es sinnvoll, sie durch sozialpädagogische Unterstützung nicht weiterhin zu stigmatisieren, sondern vielmehr zu Eigentätigkeit, auch mit dem Ziel der Selbstwertschöpfung zu fördern.

5.4. Milieubildung / Netzwerkorientierung

Die Milieubildung, in Verbindung mit Netzwerkorientierung möchte ich als 4 Rahmenkonzept für die Arbeit mit jungen Lesben und Schwulen vorstellen. Nach Böhnisch stellt die Milieubildung das sozialräumliche Arbeitsprinzip der biographisch orientierten Sozialpädagogik dar.

Gerade im Hinblick auf zunehmende Individualisierung gilt die Förderung von Milieus, die den Angehörigen sozialemotionalen Rückhalt, Orientierung und Unterstützung bei Schwierigkeiten bietet, und somit gegen Isolation, Vereinsamung wirkt als wichtige Aufgabe der sozialen Arbeit (vgl. Sickendiek u.a. 2002; vgl. Böhnisch 1997).

Milieubildung kann in sozial offenen Alltagswelten nur begleitet, gestützt und mitstrukturiert werden. Soziale Arbeit hat hier die Aufgabe Gelegenheiten zur Kontaktfindung z.B. über Räume und Geselligkeit zu bieten und die Milieubildung somit zu fördern. Gerade in der Anfangsphase kann der Sozialpädagoge wichtige Unterstützung bei der Strukturierung leisten und einzelne Angehörige des Milieus darüber hinaus individuell begleiten. Eine wichtige Aufgabe des Sozialpädagogen stellt es dar, dass Milieu in ein offenes Milieu zu steuern. Dies gelingt durch die Netzwerkperspektive. Zum Beispiel durch Informationen über andere Milieus und Gruppen kann der Sozialpädagoge Milieus oder Teile eines Milieus davon überzeugen, dass der Kontakt zu anderen gesellschaftlichen Gruppen für beide Seiten gewinnbringend und interessant sein könnte. Durch den Kontakt über die Milieugrenzen entstehen weitere Netzwerke, die weniger eng, aber dennoch sehr gewinnbringend sind.

Die Sinnhaftigkeit der Milieubildung bei schwulen und lesbischen Jugendlichen wurde im Teil 4 bereits angesprochen. „Gerade bei persönlichkeitsbedrohenden und soziale Beziehungen destruierenden Lebenskrisen (…), in denen das bisherige Selbstbild und die darauf bezogenen informellen Netzwerke disfunktional werden, d.h. eher das Dilemma verstärkend wirken, braucht es Hilfen zum Aufbau neuer sozialer Netzwerke." (Böhnisch, 1997: 270). Hierzu erscheint die Milieubildung als Unterstützung für den Aufbau von sozialemotional stärkenden Gruppen und die Netzwerkorientierung, um das Milieu offen zu halten und neue Kontakte und Perspektiven zu ermöglichen, eine ideale und an den Bedürfnissen der Jugendlichen orientierte Grundlage für Angebote der Jugendarbeit zu sein.

6. Angebote für schwule und lesbische Jugendliche

Nachdem ich mich zuvor mit den Lebenslagen von schwulen und lesbischen Jugendlichen, der Notwendigkeit von besonderen Angeboten der Jugendarbeit und mit den sozialpädagogischen Rahmenkonzepten für diese Angebote beschäftigt habe, möchte ich im folgenden auf mögliche Angebotsformen und deren Ausgestaltung eingehen. Bei der Auswahl der Angebotsformen, haben für mich vor allem die Lebenswelten der Zielgruppe und der hieraus abgeleiteten Bedürfnisse und Interessen der jungen Lesben und Schwulen eine die Entscheidung leitende Rolle gespielt.

Die Angebote sollen die Jugendlichen bei der Bildung und Festigung der eigenen Persönlichkeit und der Integration in die Gesellschaft unterstützen. Hierbei sollen die besonderen Bedürfnisse, Schwierigkeiten und Interessen die mit der Entdeckung der eigenen Homosexualität einhergehen besonders berücksichtigt und hierdurch entstehende Benachteiligungen ein Stück weit ausgeglichen werden, ohne jedoch die Jugendlichen zu stigmatisieren und die Homosexualität zu problematisieren. Ziel soll es demnach sein, die Jugendlichen dabei zu unterstützen und zu fördern, die eigene Homosexualität für sich selbst zu akzeptieren, sie als Selbstverständlichkeit zu verstehen und in die Persönlichkeit und den individuellen Lebensentwurf zu integrieren. Die Angebote müssen also so angelegt sein, dass die Zielgruppe Homosexualität tatsächlich als eine Selbstverständlichkeit erfährt. Darüber hinaus müssen die Angebote so angelegt sein, dass sie den schwulen und lesbischen Jugendlichen, die von Einsamkeit und Isolation besonders betroffen sind, Kontakt- und Kooperationsspielräume, sowie Experimentier- und

Erfahrungsspielräume eröffnen, so dass sie wichtige soziale Kompetenzen erlernen können. Hierzu ist es notwendig den Kontakt zu anderen Jugendlichen zu ermöglichen und zu begünstigen. In Bezug auf junge Lesben und Schwule, als von Diskriminierung betroffene Gruppe kann dies nur gelingen in einem Umfeld, bei dem die Jugendlichen geschützt sind vor Diskriminierung und Ausgrenzung, in einem Rahmen, indem Homosexualität selbstverständlich gelebt wird. Nur in einem solchen Rahmen ist es, nach dem zuvor gesagten möglich, dass schwule und lesbische Jugendliche sich öffnen und im Kontakt mit anderen über ihre Wünsche, Ängste, Sorgen, Träume und Pläne reflektieren, und somit einen eigenen Lebensstil und eine eigene Lebensplanung entwickeln, die die Homosexualität als wichtigen Teil des Lebens einschließt. Um dies zu ermöglichen, ist es ebenso notwendig, dass die Angebote so angelegt sind, dass sie das Selbstbewusstsein der Jugendlichen steigern, nicht zuletzt, indem die Jugendlichen gemeinsam mit anderen Perspektiven entwickeln und Handlungsspielräume schaffen. Bei dieser Entwicklung vom zurückgezogenen, einsamen jungen Homosexuellen, belastet mit Selbstzweifeln und Angst vor Diskriminierung, hin zu einem jungen, selbstbewusst in die Zukunft blickenden jungen Menschen, der seine Homosexualität als wichtigen und positiven Teil seines Lebens begreift und akzeptiert, und eingebunden ist in die soziale Welt, kann die Offene Jugendarbeit als Arbeitsform eine wichtige Unterstützung sein.

Auch im Hinblick auf die Wünsche und Interessen der Zielgruppe erscheint die Arbeitsform der Offenen Jugendarbeit ideal. „Junge Lesben und Schwule wünschen sich vor allem jugendgerechte Angebote der Freizeitgestaltung, z.B. lesbische und schwule Jugendgruppen und offene Treffs, in denen sie selbstverständlich lesbisch bzw. schwul sein können – und dies durchaus unter Einbeziehung ihrer heterosexuellen peers, aber in einer Atmosphäre, die die lesbischen und schwulen Jugendlichen selbst gestaltet haben, in der es keinen Raum für homophobe Verächtlichungen und Entwertungen gibt" (Hark, 2000: 48). Sie brauchen „offene Einrichtungen in denen sie klar gemeinte Zielgruppe sind" (Hark, 2000: 52). Wie alle anderen Jugendlichen auch, benötigen sie einen Schon- und Schutzraum, wo sie „Rückhalt und soziale Unterstützung für ihr Jungsein neben und im Kontrast zu einer (Erwachsenen-) Gesellschaft finden, die ihnen gleichzeitig vieles schon früh zulässt, aber auch zumutet und vor allem auch vorenthält" (Böhnisch, 1997: 129). Um zu erfahren, nicht allein zu sein, Freunde zu finden und Freundschaften zu pflegen, suchen schwule und lesbische Jugendliche nach einem Ort, an dem sie andere Jugendlichen mit ähnlichen Lebenswelten kennen lernen und Gemeinschaft erfahren können. Ein Umfeld, das es ihnen erlaubt einfach nur jung zu sein und ihnen sozialemotionalen Rückhalt bietet kann, ihnen die zielgruppenspezifische offene Jugendarbeit bietet, in der sie klar gemeinte Zielgruppe sind.

6.1. Das Angebot eines sozialen Ortes und die Anforderungen an den Sozialpädagogen

Ein schwul- lesbischer Jugendtreff oder ein schwul- lesbisches Jugendzentrum sollte für die Jugendlichen ein wichtiger sozialer Ort darstellen. Somit ist es die erste Aufgabe für den Sozialpädagogen, die Einrichtung nach den Bedürfnissen der Zielgruppe zu gestalten. Die Gestaltung der Räume sollte möglichst derart erfolgen, dass sie den Jugendlichen Räume und Gelegenheiten bietet, ungezwungen mit einander Kontakt aufzunehmen und zu pflegen. Sie sollten den Jugendlichen die Gelegenheiten bieten einfach nur zusammen zu sein und Gemeinschaft zu erfahren. Wichtig ist vor allem der erste Raum, den die Jugendlichen bei ihrem Besuch betreten. Dieser muss so angelegt sein, dass sie auch die Möglichkeit haben, sich in der Einrichtung zurückzuziehen und vielleicht erst einmal zu beobachten. Ideal, vor dem Hintergrund dieser Überlegungen, erscheint mir die Gestaltung in der Art eines offenen Cafes, als Kontakt- und Kennenlernraum, in dem die Jugendlichen die Möglichkeit haben sich etwas abseits allein oder mit einer kleinen Gruppe an einen Tisch zu setzen, oder in einen großen Kreis oder an die Theke, die in der Regel den Mittelpunkt einer solchen Einrichtung darstellt. Die weiteren Räume der Jugendeinrichtung sollten ebenfalls „offen zur Verfügung stehen, ohne verplant zu sein" (Böhnisch, 1990: 99). Somit haben die Jugendlichen die Gelegenheit der Raumaneignung und können ihre Einrichtung selbst gestalten. Allerdings sollte, von Seiten des Sozialpädagogen darauf geachtet werden, dass möglichst viele Möglichkeiten der Freizeitgestaltung, z.B. Gesellschaftsspiele und TV- und Video-Anlage vorgehalten werden. Die zur Verfügung stehenden Medien und Materialien können die Jugendlichen bei der Kontaktaufnahme, beim näheren kennen lernen oder einfach nur als Freizeitbeschäftigung nutzen. Vor allem sollte hierdurch die Möglichkeit gegeben werden, selbst mit anderen aktiv zu werden. Durch eine große Auswahl an Materialien wird auch hierdurch eine Offenheit und Flexibilität für die Jugendlichen hergestellt, individuell, aber gemeinsam ihre Freizeit zu verbringen. Bei der Gestaltung der Räume sollte darauf geachtet werden, dass sie den Bedürfnissen der Zielgruppe auch in derart entsprechen, dass sie nicht wie ein typisches Jugendzentrum mit „Sperrmüll" gestaltet sind, sondern den Jugendlichen auch durch die Einrichtung verdeutlichen, dass sie als „erwachsene" Personen wahrgenommen und Wert geschätzt werden.

Ebenfalls zur Raumgestaltung gehört die Lage der Einrichtung und die Gestaltung der Öffnungszeiten und Angebote. Bezogen auf die Lage sollten zwei Dinge bedacht sein. Zum einen sollte die Jugendeinrichtung für die Jugendlichen erreichbar sein. Das heißt: sowohl eine gute Anbindung an die Öffentlichen Verkehrsmittel, als auch Parkplätze für die älteren Jugendlichen sollten vorliegen. Aus der Erfahrung von vielen schwulen und lesbischen Jugendgruppen, dass die Angebote vor allem auch von Jugendlichen aus den Nachbarorten genutzt werden, da entweder in ihrem Herkunftsort ein solches Angebot nicht besteht, oder sie sich in der Nachbarstadt mehr Anonymität erhoffen, ist es bei Angeboten für schwule und lesbische Jugendliche besonders wichtig, dass auch Besucher aus Nachbarstädten die Einrichtung gut erreichen können. Außerdem sollte der Eingangsbereich der Einrichtung es den Jugendlichen ermöglichen, möglichst ungesehen und unerkannt von außen die Einrichtung zu betreten. Dies ist für viele, vor allem ungeoutete Jugendliche wichtig und erleichtert ihnen den Zugang. Denkbar wäre auch ein zweiter Eingang, der nicht direkt als Eingang der Einrichtung erkennbar ist.

Die Öffnungszeiten und Angebote sollten so gestaltet sein, dass diese dem Freizeitverhalten der Jugendlichen entsprechen. Dies bedeutet vor allem Öffnungszeiten am späten Nachmittag, am Abend und am Wochenende. Bei der Planung der Öffnungszeiten sollte bedacht werden, auch spezielle Öffnungszeiten für Jungs und Mädchen einzuplanen. Dies trägt den unterschiedlichen Problemlagen und der unterschiedlichen Art der Raumaneignung von Jungen und Mädchen Rechnung. Ein fester Öffnungstag je für Jungen und Mädchen kann dazu genutzt werden, sich den spezifischen

Bedürfnissen und Themen zu widmen. Vor allem die Erfahrung aus gemischten schwul- lesbischen Jugendgruppen zeigt, dass ein eigener Raum für Mädchen notwendig ist, wenn man junge Lesben tatsächlich ansprechen will. Darüber hinaus sollten natürlich auch gemischte Öffnungstage für Jungs und Mädchen angeboten werden.

Eine so gestaltete Einrichtung ermöglicht es den Jugendlichen andere schwule bzw. lesbische Jugendliche kennen zu lernen, sich mit ihnen auszutauschen und einfach nur zusammen zu sein. Hierdurch werden die Jugendlichen darin unterstützt sich eine peer-group zu bilden, die ihnen sozialemotionalen Rückhalt bietet, es ihnen ermöglicht verschiedene Rollen zu erproben und in der sie wichtige soziale (Beziehungs-) Erfahrungen machen können (vgl. Baacke, 1985). Der Kontakt und Austausch zu anderen Jugendlichen mit ähnlichen Lebenslagen bietet ihnen Orientierung und Vorbilder. Somit unterstützt er sie bei der eigenen Lebensplanung für die Gegenwart und Zukunft. Bedeutend, vor allem bezogen auf die Gegenwart der Jugendlichen, ist der sozialemotionale Rückhalt der Jugendlichen. In der Einrichtung können sie neue Freundinnen und Freunde finden, die brüchig gewordene soziale Netze ersetzen, ihnen Rückhalt bei Problemen und Schwierigkeiten, sowie Ausgleich zur Leistungsorientierung und Individualisierung in anderen Lebenszusammenhängen bieten. In der Einrichtung erfahren sie ihre Homosexualität als etwas Selbstverständliches und Positives. Hierdurch wird es den Jugendlichen erleichtert ihre eigene Homosexualität zu akzeptieren und als Teil in ihre Persönlichkeit zu integrieren (vgl. Hörz, 1999).

Zu den Aufgaben des begleitenden Sozialpädagogen gehört es, für die Stabilität, die Verlässlichkeit und Konstanz des Angebotes zu sorgen. Dies ist vor allem aus den Erfahrungen vieler ehrenamtlich organisierter Jugendgruppen notwendig, da diese, sich rein auf ehrenamtliches Engagement stützenden Angebote häufig instabil und brüchig werden, vor allem wenn einzelne Aktivisten aus der Gruppe ausscheiden. Eine weitere Aufgabe des Sozialpädagogen ist es, die Einrichtung offen und gestaltbar zu halten, und somit der Gefahr entgegen zu wirken, dass eine Clique entsteht, die die Einrichtung dann beherrscht (vgl. Baacke, 1985; Böhnisch, 1990).

Während der Angebote sind die Jugendlichen weitgehend unter sich, der Sozialpädagoge stellt sich bei Bedarf, vor allem als Moderator und Organisator zur Verfügung (vgl. Baacke, 1985). Zudem sollte es zu seinen Aufgaben gehören, Besuchern, die zum ersten mal die Einrichtung besuchen, den Einstieg zu erleichtern. Die Erfahrungen von schwul- lesbischen Jugendgruppen zeigt, dass viele Jugendliche vor ihrem ersten Besuch erst mehrfach auf der Straße auf- und ablaufen, und sich häufig gar nicht hineintrauen. Dies liegt vor allem daran, dass sie unsicher und aus Angst vorsichtig im Umgang mit anderen Jugendlichen und vor allem mit Gruppen sind, oft das erste Mal selbst eine schwul- lesbische Einrichtung besuchen und sich damit zum ersten Mal offensiv als Schwuler bzw. als Lesbe zeigen. Um diesen Jugendlichen den Einstieg zu erleichtern, ist es möglich Einsteigergruppen anzubieten, speziell für Jugendliche, die planen die Einrichtung zu besuchen, sich aber nicht trauen. In einer Einsteigergruppe lernen sie weitere Jugendliche mit denselben Ängsten kennen, und betreten das offene Angebot dann nicht mehr allein. Da sich aber viele Jugendliche nicht zuvor anmelden, sondern einfach das offene Angebot wahrnehmen, sollte der Sozialpädagoge um die Ängste und Unsicherheiten wissen. Indem er sie willkommen heißt, ihnen die Einrichtung zeigt und sie in Gespräche mit anderen einbezieht, kann er ihnen den Einstieg in die Einrichtung und in den Kreis der schwulen und lesbischen Jugendlichen erleichtern.

Wichtig ist, dass der Sozialpädagoge nicht nur in seiner professionellen Rolle, sondern auch als Mensch, als Person, als „personales Angebot" in die Arbeit eingeht (vgl. Böhnisch, 1990). Das bedeutet, dass er als Mensch bewusst an- und hinterfragbar ist, Modell im beruflichen und im privaten Verhalten darstellt und den Jugendlichen Vertrauen und Orientierungshilfe anbietet (vgl. Helmer, 1999). Im Kontakt mit den Jugendlichen, vor allem während der offenen Angebote, muss er als Mensch für alltägliche Gespräche und Freizeitaktivitäten zur Verfügung stehen. Er muss zur Verfügung stehen als erwachsene Person, die sich mit den Jugendlichen immer wieder auf den Weg macht und eine Art „andere Erwachsener" darstellt, die „sie in ihrer Jugendkulturellen Eigenart verstehen und belassen kann und trotzdem ihnen als respektierender

Erwachsener begegnet, an der sich die Jugendlichen orientieren, an der sie vieles beobachten und für sich übersetzten können" (Böhnisch, 1997: 174). Gerade für schwule und lesbische Jugendliche, denen erwachsene Vorbilder, die selbstverständlich und offen mit ihrer Homosexualität leben, sind diese personalen Angebote vor allem auch als Modell und Vorbild von besonderer Bedeutung. Auf Grund dieser Überlegungen erscheint es auch sinnvoll, dass der/ die begleitende SozialpädagogIn selbst schwul bzw. lesbisch ist. Ideal in diesem Zusammenhang stellt sich ein Team dar von einem schwulen Mann, als Ansprechpartner für die Jungen und einer lesbischen Frau als Ansprechpartnerin für die Mädchen.

Neben der Gestaltung eines sozialen Ortes und der Zur- Verfügung- Stellung als personales Angebot, sollte es zudem Aufgabe des Sozialpädagogen sein, den Jugendlichen thematische Angebote zu unterbreiten. Entscheidend hierbei ist die grundsätzliche thematische Offenheit, die es zulässt, dass sich ein ursprünglich geplantes Angebot / Thema verändert (vgl. Böhnisch 1990). Für die Auswahl und Gestaltung der Themen und der besonderen Angebote, wie Workshops und Projekte ist es wichtig, dass der die Einrichtung begleitende Sozialpädagoge mit den Jugendlichen soweit in Kontakt ist, dass er die jeweiligen, aktuellen Bedürfnisse der Zielgruppe erkennt und darauf mit Angeboten reagiert. Sinnvoll ist es in diesem Zusammenhang und vor allem auch im Hinblick auf die Partizipation von Jugendlichen, die Programmplanung gemeinsam mit (einem Teil der) Jugendlichen zu gestalten. Hierdurch ist sichergestellt, dass die Programm- und Themengestaltung nicht an den Bedürfnissen der Zielgruppe vorbeigeht, und zusätzlich wirken diese Partizipationsmöglichkeiten für die Jugendlichen Selbstbewusstseins- steigernd. Damit auf Veränderungen in den Lebenswelten und Bedürfnissen flexibel reagiert werden kann, muss auf eine strikte Programmplanung verzichtet werden.

Erkennt der Sozialpädagoge die aktuellen Interessen und Bedürfnisse, hat er verschiedene Möglichkeiten Themen einzubringen und zu bearbeiten. Ideal, um Themen in die Offene Arbeit der Einrichtung einzubringen, ist die Impulssetzung durch Gesprächsimpulse oder Materialien. So kann der Sozialpädagoge im Gespräch mit Jugendlichen ein Thema ansprechen und mit ihnen diskutieren oder aber durch das Aushängen von Plakaten, die Aufmerksamkeit von Jugendlichen auf ein Thema lenken. Darüber hinaus und ergänzend besteht die Möglichkeit, abseits vom offenen Angebot des Jugendcafes spezielle Programmpunkte, Aktionen, Projekte und Workshops anzubieten. Der Einsatz solcher Methoden ist zum Beispiel zur Begleitung des Gruppenprozesses bzw. zur Unterstützung des Kontaktfindens oder aber zur Unterstützung bei der Erprobung von verschiedenen Rollen sinnvoll. Durch thematische Impulse, Angebote oder Projekte werden die Jugendlichen zur Diskussion über ein Thema eingeladen, über das sie sich im Folgenden, wenn das Thema in die Lebenswelten der Jugendlichen passt und geschickt eingebracht wurde, in ihrer peer-group auseinandersetzen.

Vor allem um den Prozess der Selbstbewusstwerdung bei den Jugendlichen zu unterstützen, erscheint es sinnvoll, die Jugendlichen in die Organisation der Jugendeinrichtung weitgehend einzubeziehen. Dies kann unter anderem über ehrenamtliche Mitarbeit geschehen. Aufgabe des Sozialpädagogen ist es in diesem Zusammenhang ein, für weitere Mitarbeiter offenes Team von Jugendlichen zu bilden, die verschiedene Aufgaben – angefangen vom Thekendienst bis hin zur Leitung einer Coming-Out- Gruppe übernehmen. Hierzu gehört es die ehrenamtlichen MitarbeiterInnen zu werben, z.B. durch persönliche Ansprache im offenen Bereich oder bei Veranstaltungen zu qualifizieren, z.B. über Mitarbeiterschulungen, und durch persönliche Gespräche mit dem Sozialpädagogen, sowie sie bei ihrer Tätigkeit individuell zu begleiten. Hier sind reflektierende Gespräche und Unterstützung durch den Sozialpädagogen für die Jugendlichen wichtig und notwendig. Abgesehen von dem persönlichen Gewinn der ehrenamtlichen MitarbeiterInnen in Bezug auf Erlernen von Fertigkeiten und Selbstwertsteigerung sind ehrenamtliche MitarbeiterInnen unverzichtbar für die Organisation einer Jugendeinrichtung. Hierdurch werden die Jugendlichen an soziales Engagement herangeführt und werden darin bestärkt und gefördert, sich selbst und die eigenen Fähigkeiten für sich selbst und andere einzusetzen.

Gerade in Bezug auf zielgruppenspezifische Jugendeinrichtungen, z.B. für lesbische und schwule Jugendliche, aber auch insgesamt für die Jugendarbeit ist es wichtig, dass die Jugendarbeit Teil der Lebenswelt und zugleich Teil des Sozialraumes ist. Nur so kann der Gefahr entgegen gewirkt werden, Jugendarbeit isoliert zu betreiben (vgl. Baacke, 1985; Böhnisch, 1990). Eine sozialräumliche Orientierung der Jugendarbeit ist sinnvoll und notwendig, um den Jugendlichen weitere Handlungsräume zu eröffnen. In Bezug auf die offene Jugendarbeit für junge Lesben und Schwule ist eine enge Vernetzung und Kooperation sowohl mit weiteren Teilen der schwul- lesbischen Szene, wie Kneipen, Diskotheken, Cafes und anderen schwul –lesbischen Jugendgruppen, als auch mit dem überwiegend heterosexuell orientierten Umfeld notwendig. In Bezug auf die vornehmlich kommerzielle schwul- lesbische Szene ist es sinnvoll spezielle Angebote zur Aneignung dieser Szeneorte vorzuhalten. So sind Stände und Ruheräume auf schwul- lesbischen Partys, an denen sich junge Lesben und Schwule zurückziehen können, genauso möglich wie das Angebot gemeinsam mit einer Gruppe von Jugendlichen eine Party oder Diskothek zu besuchen. Dabei sind die Jugendlichen durch den Rückhalt der Gruppe sicherer und selbstbewusster bei der Nutzung der Angebote.

Bezogen auf das heterosexuelle Umfeld sind ebenfalls verschiedene Möglichkeiten denkbar. Sinnvoll erscheint die schwul- lesbische Jugendeinrichtung zumindest teilweise auch für heterosexuelle Freunde und FreundInnen zu öffnen. Notwendig ist auch sicherlich die enge Vernetzung und Kooperation mit anderen heterosexuell- geprägten Jugendgruppen, Jugendverbänden und Jugendzentren. Durch die Kooperationen und gemeinsame Veranstaltungen, wird den Jugendlichen der Weg und der Kontakt zu anderen Gruppen von Jugendlichen eröffnet. Der Sozialpädagoge sollte vor allem über weitere Angebote informiert sein, um z.B. einen vom Theaterspielen begeisterten Jugendlichen, durch Information und Vermittlung den Weg zu einer Theatergruppe ebnen zu können. Ideal, neben gemeinsamen Veranstaltungen und Stadtfesten mit anderen Trägern und Einrichtungen ist auch die Öffnung des Jugendtreffs für Veranstaltungen von anderen Gruppen und Organisationen, sofern dies den regulären Ablauf nicht massiv stört oder das diskriminierungsfreie Klima nicht beeinträchtigt. Ebenso sind natürlich auch Besuche in anderen Jugendeinrichtungen möglich und sinnvoll.

6.2. Beratung im Rahmen der Offenen Jugendarbeit

Ergänzend zu der Offenen Jugendarbeit möchte ich die sozialpädagogische Beratung als Arbeitsform und Unterstützungsangebot für schwule und lesbische Jugendliche vorstellen.

„Auf Grund kritischer Lebenserfahrungen ergibt sich die Notwendigkeit einer Beratung" (Belardi, 2001: 24). Wie im Rahmen der Betrachtung der Lebenswelten dargestellt, ist die Erfahrung der eigenen Homosexualität und die damit verbundenen Lebensumstände und Risiken als kritische Lebenserfahrung zu bezeichnen, so dass der Bedarf an Beratung bei jungen Lesben und Schwulen besteht.

Gerade in Bezug auf den Umgang mit ihrer Homosexualität, Konflikten mit den Eltern, und der Erfahrung von Ausgrenzung und Diskriminierung, entsteht bei den Jugendlichen und auch ihren Eltern ein großer Gesprächs- und Beratungsbedarf. Da die Anlässe, Themen und Schwierigkeiten der nach Rat suchenden Jugendlichen sehr unterschiedlich sind, ist es wichtig das Angebot der Beratung offen zu formulieren. Sozialpädagogische Beratung muss sich als offenes Angebot für die individuellen Problemlagen der Zielgruppe verstehen und durch Gespräche, Informationen, gemeinsamer Reflexion und Rückmeldungen Unterstützung bei der Bewältigung individueller Schwierigkeiten der Jugendlichen bieten (vgl. Galuske, 2001). Neben der Lösung von aktuellen Krisen, kommt der Beratung eine wichtige, auf die Entwicklung und das Wachstum der Jugendlichen bezogene Funktion zu. Sozialpädagogische Beratung sollte demnach neben dem Fokus auf die Gegenwart des Adressaten gleichzeitig den Fokus auf die Zukunft des Adressaten legen und ihm wichtige Fähigkeiten v.a. in Bezug auf Krisenmanagement und Lebensbewältigung vermitteln, um hierdurch die Autonomie des Adressaten zu steigern (vgl. Belardi, 2001).

Auf Grund der Zuständigkeit der sozialpädagogischen Beratung für alle lebenspraktischen Schwierigkeiten der Adressaten sollte die Beratung generalistisch angelegt sein (vgl. Belardi, 2001). Ein methodischer Tunnelblick, durch die Festlegung auf eine bestimmte Theorierichtung ist aus diesem Grunde abzulehnen. Viel mehr sollte die sozialpädagogische Beratung

multimethodisch und eklektisch- integrativ angelegt sein (vgl. Sickendiek, 2002).
Die Kenntnis von verschiedenen Ansätzen und Theorien und ein breites
Spektrum an Methoden erlauben es dem Berater aus ihnen auszuwählen und
zu kombinieren, was für den individuellen Beratungskontakt am nützlichsten
erscheint. Nur so kann die sozialpädagogische Beratung auf die Komplexität
und Verschiedenartigkeit von Problem- und Lebenslagen adäquate Antworten
finden (vgl. Belardi, 2001).
Eine Offenheit ist auch für die Betrachtung der Problem- und Lebenslagen des
Ratsuchenden notwendig. Hier ist auf eine Kategorisierung zu verzichten,
vielmehr sollte sich der Berater in parteinehmender Praxis mit dem Adressaten
auf den Weg machen, sich der Lebenswirklichkeit des Klienten anzunähern.
Hierbei ist es wichtig den Ratsuchenden und seine Schwierigkeiten nicht isoliert
zu betrachten, sondern im Kontext seines Alltages und seiner Lebenswelten,
sowie seinem sozialen Umfeld. Hierdurch wird der Blick geschärft sowohl für die
tatsächlichen Problemursachen, wie auch für Ressourcen und
Lösungsmöglichkeiten im Umfeld des Ratsuchenden.

Auch wenn die meisten Beratungsgespräche im Alltag bei FreundInnen und im
Rahmen der Familie stattfinden, ist für Jugendliche die Möglichkeit einer
Beratung durch eine professionelle Kraft notwendig. Häufig geht es hierbei um
Themen, die der Jugendliche im Kreis von Freunden und der Familie, aus Angst
ausgelacht oder abgelehnt zu werden, nicht anspricht, oder bei denen das
soziale Umfeld überfordert ist. In diesen Fällen, oder auch wenn Jugendliche
auf Grund von Isolation auf keine unterstützenden Netze in Krisensituationen
zurückgreifen können, wie häufig bei schwulen und lesbischen Jugendlichen,
kann das Angebot der Beratung eine notwendige Unterstützung bieten.
Um Jugendlichen den Zugang zum Angebot der Beratung zu erleichtern und
nicht stigmatisierend zu wirken, halte ich eine Integration von Beratung in die
offene Jugendarbeit für sinnvoll. Diese sehr alltagsnahe Form der Beratung mit
niedrigem Institutionalisierungsgrad, zeichnet sich nicht zuletzt dadurch aus,
dass sie in den Alltag der Jugendlichen eingebunden ist. Durch die Nähe zu
den Jugendlichen im Rahmen der offenen Jugendarbeit hat der
Sozialpädagoge Einblicke in die aktuellen Lebenswirklichkeiten der Zielgruppe
und ist für sie bei ihren alltäglichen Besuchen in der Jugendeinrichtung

ansprechbar (vgl Böhnisch, 1990). Somit wirken die Beratungen auf die Jugendlichen weniger wie problematisierende, therapieähnliche Gespräche, sondern vielmehr als gewinnbringende Gespräche mit einem kompetenten Ansprechpartner. Diese niederschwellige Arbeitsform erlaubt es den Jugendlichen auch bei weniger schwerwiegend erscheinenden Problemlagen, um Unterstützung anzufragen. Dies erhöht die präventive Wirkung des Beratungsangebotes.

Neben dem Gesprächsangebot des Sozialpädagogen während der Öffnungszeiten der Jugendeinrichtung erscheinen, auf Grund der Erfahrungen der schwulen und lesbischen Jugendgruppen, weitere Beratungsmöglichkeiten für die Jugendlichen sinnvoll. So werden z.b. feste Sprechzeiten einer Telefonberatung dazu genutzt, um sich über Angebote für junge Lesben und Schwule zu informieren. Viele Jugendliche erkundigen sich vor ihrem ersten Besuch über den Rahmen und die Möglichkeiten dieser Angebote, oder erfahren erst auf diesem Weg von ihnen. Vielen Jugendlichen erleichtert ein vorangegangenes Telefonat oder auch eine vorangegangene E-Mail den Zugang zu den Jugend- und Beratungsangeboten. Daher empfiehlt es sich zusammen mit der Einrichtung immer auch eine Beratungs- und Info-Telefonnummer zu bewerben.

Diese Kontaktmöglichkeiten können und werden häufig auch von Eltern, Angehörigen und FreundInnen genutzt. Die hierdurch stattfindende Einbindung des persönlichen Umfeldes der Jugendlichen ist nicht nur für die Eltern, sondern auch für die Jugendlichen selbst wichtig. Für drohende oder bestehende Konflikte können hier adäquate Lösungsmöglichkeiten entwickelt werden. Durch informierende Gespräche mit Familienangehörigen kann der Vorsprung der homosexuellen Jugendlichen gegenüber ihren Familien, die selbst eine Art Coming- Out durchleben und, wie ihre Kinder nicht wissen, mit wem sie über die Homosexualität ihres Kindes reden können, teilweise aufgeholt werden. Ängste und Selbstvorwürfe der Eltern, die auf den Jugendlichen diskriminierend wirken können somit aufgelöst werden. Hierdurch wird das Zusammenleben entspannt.

Die Art der Beratung kann im Rahmen der offenen Jugendarbeit sehr unterschiedlich sein und sollte je nach Bedürfnissen des Klienten, mit ihm gemeinsam ausgewählt werden. Möglich sind sowohl kurze Gespräche „an der Theke", wie auch intensive Einzel- oder Paargespräche, abseits der eigentlichen Jugendarbeit bis hin zu längeren Beratungsreihen zur Begleitung einer schwierigen Lebensphase. Wichtig ist die Form der Beratung gemeinsam mit dem Ratsuchenden zu vereinbaren. Der Adressat muss als Subjekt seiner Situation und als Co- Produzent der Beratungsleistung verstanden werden, wenn die Beratung nicht stigmatisierend wirken, sondern an den Lebenswirklichkeiten orientiert sein, und biographisch langfristig wirken soll.

Entscheidend für das Gelingen des Beratungskontaktes ist die Beziehung zwischen dem Berater und dem Ratsuchenden. C. Rogers definiert, nach Belardi (2001) als Basisvariablen für eine gelungene Beratungsbeziehung: 1. „Einfühlen und Empathie", dies erfordert von dem Berater, dass er sich auf dem Weg macht die Problemlage und die Lebenswelt einfühlend zu erforschen. Neben der professionellen Abgrenzung, die notwendig ist, um die Problemlage rational betrachten zu können, muss der Berater sich in den Ratsuchenden einfühlen und sich phasenweise mit ihm identifizieren. Der Ratsuchende der diese Bemühungen und das Interesse des Beraters an seinen Lebenslagen erkennt, fühlt sich hierdurch ernst genommen, verstanden und sicher. 2. „menschliche Wärme und Akzeptanz" bezeichnet die bedingungslose und positive Wertschätzung des Ratsuchenden als Person. Unabhängig, ob der Berater die Meinung oder die bevorzugten bzw. üblichen Lösungsstrategien des Ratsuchenden teilt, ist es wichtig, dass der Ratsuchende sich ernst genommen und aufgenommen fühlt. Nur so ist es möglich, dass dieser sich öffnet und selbstbewusst an der Problemlösung mitarbeitet. Als 3. Basisvariable wird „Echtheit und Authenzität" benannt. Hierdurch wird ausgedrückt, dass der Berater keine rein professionelle Rolle spielen darf, sondern vielmehr als Mensch, als ganze Person in die Beratungsbeziehung eingeht. Wichtig in diesem Zusammenhang ist es allerdings, darauf zu achten, dass der Klient das Thema vorgibt und nicht vom „Experten" „überrannt" wird. Zwar ist es oft sinnvoll als Berater die eigene Meinung zu äußern und damit Orientierung zu bieten, aber die Meinung des Beraters sollte nicht zur Diskussion führen.

Mahoney (1991) sieht die optimale Beratungsbeziehung geprägt durch Sicherheit, offene Entfaltungsmöglichkeiten und ein grundlegendes Interesse des Beraters für die Anliegen und Probleme des Klienten sowie die Beschäftigung damit" (Sickendiek, 2002: 152).

Vornehmliche Aufgabe des Sozialpädagogen im Rahmen der Beratung ist es diese positive Beratungsbeziehung zwischen ihm und dem Ratsuchenden her zu stellen. Im Rahmen der offenen Jugendarbeit kann der Sozialpädagoge in Form von dauerhafter Beziehungsarbeit bereits eine vertrauensvolle Atmosphäre aufbauen, die in Beratungsgesprächen genutzt werden kann.

Während der Beratungsgespräche selbst ist es die Aufgabe des Beraters, in Abstimmung mit dem Ratsuchenden den Prozess zu steuern. Hierbei ist es unter anderem wichtig, die teilweise sehr komplexen Problemlagen „zu sortieren und nach Bedeutung zu ordnen, hierzu gehört es auch Ratsuchende auf die Gegenwart zu fokussieren, entgegen der eigenen Tendenz sich verstärkt mit der Zukunft und der Vergangenheit zu beschäftigen" (Belardi, 2001: 48).

Auch bei dem Angebot der Beratung ist eine Netzwerkorientierung notwendig. Hier ist vor allem die Verweisungskompetenz des Sozialpädagogen von herausgehobener Bedeutung. Der Sozialpädagoge muss seine Grenzen sowohl in Bezug auf Themen, als auch auf die Tiefe des Prozesses genau kennen, um den Ratsuchenden bei Bedarf an andere Institutionen, wie spezielle Beratungsstellen oder Fachkräfte, wie Therapeuten oder Ärzte vermitteln zu können.

6.2.1. Lösungsorientierte Beratung als ein effizientes Beratungskonzept

Als Beratungskonzept für die Beratung von lesbischen und schwulen Jugendlichen im Rahmen der offenen Jugendarbeit möchte ich die Lösungsorientierte Beratung vor allem deshalb anbieten, da die personelle Ausstattung in Jugendeinrichtungen es häufig nicht zulässt langwierige Beratungsprozesse zu begleiten. Die Lösungsorientierte Beratung bietet hier eine effektive und sinnvolle Möglichkeit die Adressaten adäquat zu unterstützen. In der Lösungsorientierten Beratung geht es darum „Lösungen zu konstruieren, statt Probleme zu analysieren" (Bamberg nach Sickendiek u.a., 2001, 85). Damit geht ein Perspektivwechsel, vor allem auch in der Sprache einher. Anstatt sich lange mit der „Problemsprache" bei der „Problemthematisierung" im „Problemraum" zu beschäftigen, zielt die Lösungsorientierte Beratung darauf ab, möglichst schnell den Problemraum zu verlassen und den „Lösungsraum" zu betreten, um hier gemeinsam mit dem Ratsuchenden nach Lösungen zu suchen.

Charakteristisch für dieses Konzept ist es, dass von Beginn des Beratungsprozesses an die Lösungen und nicht die Problemanalyse im Vordergrund steht. Aufgabe des Beraters ist es über Fragen den Lösungsprozess zu steuern. Hierzu gibt ihm die Lösungsorientierte Beratung zahlreiche, leicht zu handhabende Techniken an die Hand. So fragt der, nach diesem Konzept arbeitende Berater den Ratsuchenden z.B. nach Ausnahmen, wann das Problem nicht auftritt oder springt mit der Wunderfrage in die Zukunft, um von dort aus den Lösungsweg zu betrachten. Hiermit fokussiert er den Ratsuchenden auf die Suche nach Lösungsmöglichkeiten (vgl. Sickendiek u.a., 2002).

Dem Prinzip der Utillisation folgend, ist bei der lösungsorientierten Beratung jedes Mittel und jede Ressource zu nutzen, die eine Problemlösung begünstigen kann.

Eine besondere Bedeutung wird bei diesem Konzept auf die Wirkung von Veränderungen gelegt. „Jede Lösung bedeutet Veränderung. Lösungsorientierte Beratung setzt somit explizit auf die Wirkung von Veränderungserfahrungen" (Sickendiek u.a., 2002: 86 / 87). Fragen nach Veränderungen, z.B. zur Einordnung auf einer Skala, helfen dem Ratsuchenden und dem Berater den aktuellen Stand im Beratungsprozess zu erkennen, und weißt vor allem den Ratsuchenden auf Erfolge des bisherigen Prozesses hin.

Die Lösungsorientierte Beratung eignet sich auch schon deshalb besonders für die Beratung im Rahmen der Offenen Jugendarbeit für schwule und lesbische Jugendliche, da sie dem Sozialpädagogen einen verwendbaren Pool an

Techniken und Steuerungsinstrumenten zur Verfügung stellt und mit verschiedenen anderen Beratungskonzepten kombinierbar ist.

Gleichzeitig vermittelt sie dem Ratsuchenden eine positive Einstellung in Bezug auf Probleme und schwierigen Lebenssituationen und verdeutlicht ihm die in seiner Lebenswelt zur Verfügung stehenden Ressourcen.

7. Weitere und ergänzende Angebote

Als Ergänzung zu den dargestellten Angeboten halte ich auf Grund der Lebenssituation von schwulen und lesbischen Jugendlichen verschiedene Angebote für sinnvoll.

Besondere Berücksichtigung sollte im Rahmen der Jugendarbeit das Thema HIV / AIDS und sexuell übertragbare Krankheiten finden. Vor allem schwule Jugendliche gelten hier als besondere Risikogruppe, da sie zwei Risikogruppen, den Schwulen und den Jugendlichen, angehören. Bei der Einbringung des Themas muss bedacht werden, dass es sich hierbei um ein mit massiven Ängsten besetztes Thema handelt, dass (schwule) Jugendliche verdrängen, z.B. durch die Haltung „Das ist ein Problem von Älteren", „Da gibt es doch jetzt Medikamente" etc. Bei der Bearbeitung dieses Themas sollte darauf geachtet werden, dass es vorsichtig und lebensnah eingebracht wird. Möglich sind hier zum einen Impulssetzung durch das Auslegen / Aushängen von Broschüren und Plakaten, oder aber auch die Bearbeitung durch besondere Projekte, wie z.B. die Erstellung einer Foto- Love- Story oder eines Theaterstückes. Die HIV-Prävention sollte möglichst in allen Arbeitsbereichen der Jugendarbeit einfließen und so zu einem „normalen" Thema bei den Jugendlichen werden. Neben der realistischen Aufklärung über Risiken und Schutzmöglichkeiten ist auch der Austausch mit betroffenen schwulen Jugendlichen sinnvoll und führt zu einer Auseinandersetzung der Jugendlichen mit diesem Thema. Ziel muss es sein, die Jugendlichen bei der Entwicklung eines lustvollen und verantwortungsbewussten Umgangs mit ihrer Sexualität zu befähigen, ohne sie als „Risikogruppen" zu stigmatisieren.

Bei aller Notwendigkeit von Unterstützungsmöglichkeiten für lesbische und schwule Jugendliche darf das übergeordnete Ziel, die Verbesserung der Lebensumstände von schwulen und lesbischen Jugendliche, durch die gesellschaftliche Gleichstellung von Lesben und Schwulen nicht aus dem Auge verloren werden. Zu beachten ist, dass die Soziale Arbeit durch öffentliche Förderung zielgruppenspezifischer Angebote für schwule und lesbische Jugendliche nicht (sozial-)politisch funktionalisiert wird und dazu beiträgt, dass diese Schwierigkeiten individualisiert bzw. verschleiert werden (vgl. Nestmann, 35). Aus diesem Grunde ist es auch Aufgabe von Sozialpädagogen in der Arbeit mit jungen Lesben und Schwulen für seine Zielgruppe Anwalt und Lobbyist zu sein, der dazu beiträgt, dass die Jugendforschung, Jugendarbeit und Politik sich mit den Lebensumständen von lesbischen und schwulen Jugendlichen auseinandersetzt und Veränderungen einleitet.

Sinnvoll wäre aus Sicht der Jugendarbeit, wenn sich Sozialpädagogen aus allgemeinen Jugendeinrichtungen mit den Lebenslagen von schwulen und lesbischen Jugendlichen, sowie den Gründen von Diskriminierung und Ausgrenzung auseinander setzen würden, um dieser durch Angebote mit heterosexuellen Jugendlichen entgegen wirken zu können. Denkbar wäre so z.B., dass die Fachkräfte aus schwul- lesbischen Jugendeinrichtungen Fachtagungen oder Fortbildungen für in der Schule und Jugendarbeit Tätige veranstalten. Auch eine Einbeziehung der Thematik „Sexuelle Orientierung" in der Ausbildung von Sozialarbeitern und Sozialpädagogen erscheint in diesem Zusammenhang sinnvoll.

Kritisch ist anzumerken, dass durch die Errichtung einer eigenen Jugendeinrichtung für schwule und lesbische Jugendliche, gerade in Zeiten knapper öffentlicher Haushalte viele finanzielle Ressourcen gebunden werden. Dies darf nicht dazu führen, dass weitere wichtige Projekte für diese Zielgruppe nicht durchgeführt werden können. Dies gilt im besonderen Maße für ländliche Regionen. Hier ist der Bedarf für ein eigenes Jugendzentrum aus meiner Sicht nur schwer darstellbar. Um auch hier dem Bedarf von schwulen und lesbischen Jugendlichen Rechnung zu tragen halte ich es für sinnvoll regionale Zentren einzurichten, die in den umliegenden Orten begleitete Jugendgruppen organisieren und begleiten.

Außerdem möchte ich anführen, dass das Konzept einer solchen Einrichtung, deren Notwendigkeit sich aus der gesellschaftlichen Situation ergibt, die sich ständig verändert, offen und flexibel gehalten werden muss für gesellschaftliche Veränderungen. Das Konzept gilt es regelmäßig zu überdenken, abzugleichen und zu hinterfragen, um einer Zementierung aktiv vorzubeugen.

Im vorangegangenen Text habe ich exemplarisch ein mögliches Angebot der Jugendarbeit für schwule und lesbische Jugendliche vorgestellt. Um ein solches Angebot zu realisieren, ist es notwendig die Finanzierung durch öffentliche Gelder zu erreichen, da Einnahmen aus Mitgliedsbeiträgen, Spenden und Sponsoring hierzu nicht ausreichen werden. Um zu ermitteln, wie eine Finanzierung aus öffentlichen Mitteln zu erreichen ist, erscheint es mir notwendig, mich im nächsten Schritt mit dem deutschen Sozialstaat, seinen Strukturen und Akteuren zu beschäftigen. Hierbei werde ich mich beschränken auf die Bereiche, die zur Umsetzung derartiger Angebote relevant sind.

8.   Die gesetzliche Grundlage – Das SGB VIII

Die heutigen staatlichen Sozialleistungen finden ihren Ursprung im Grundgesetz der Bundesrepublik Deutschland. Hier besagt Artikel 20: „Die Bundesrepublik Deutschland ist ein demokratischer und sozialer Bundesstaat" (Grundgesetz 1949, Art.20). Wie genau der „soziale Bundesstaat" ausgestaltet sein soll ist im Grundgesetz nicht definiert. Dies führt dazu, dass hierüber eine Einigung zu erzielen ist. Kritisch ist hieran zu bemerken, dass nach dem Grundgesetz selbst größte Lebensrisiken nicht klar abgesichert sind. Vielmehr wird die Füllung dieses Begriffes offen gehalten, was die Chance beinhaltet, dass wichtige Interpretationsspielräume gelassen werden, und somit die sozialen Leistungen des Staates nicht zementiert werden. Dies lässt einen flexiblen Umgang zu, der zur weitgehenden Untätigkeit, zum Drang alle Risiken und Lebenslagen staatlich absichern zu müssen, aber auch zur aktiven, bedarfsorientierten und zeitgemäßen Gestaltung führen kann.

Ausformuliert wurde die staatliche Sozialpolitik durch zahlreiche Sozialgesetze. Bedeutend zur Umsetzung von Angeboten der Jugendarbeit ist das KJHG / SGB VIII (Kinder- und Jugendhilfegesetz) von 1990. Das Gesetz unterscheidet in Leistungen und andere Aufgaben der Jugendhilfe. Die Jugendarbeit gehört hier, zusammen mit Maßnahmen zu Förderung der Erziehung in den Familien zu den Leistungen dieses Gesetzes. In diesem Rahmen werden die Lebenslagen von schwulen und lesbischen Jugendlichen nicht besonders berücksichtigt. Allerdings lassen sich zahlreiche Anknüpfungsmöglichkeiten finden, nach denen besondere Unterstützungsmaßnahmen herzuleiten sind.

Festzustellen ist bereits in § 1,1, dass sich das SGB VIII an alle Jugendlichen, somit auch an Jugendliche mit gleichgeschlechtlicher Orientierung richtet. Hier heißt es, dass „jeder junge Mensch (..) ein Recht auf Förderung seiner Entwicklung" hat. § 1,3 verpflichtet die Jugendhilfe, junge Menschen in ihrer individuellen und sozialen Entwicklung zu fördern und einen Beitrag zu leisten, Benachteiligungen zu vermeiden oder abzubauen. Hieraus leitet u.a. die Bundesarbeitsgemeinschaft der Landesjugendämter mit Beschluss vom 9.-11.04.2003 ab, dass Jugendhilfe aufgefordert ist, das Thema sexuelle Orientierung von jungen Menschen und ihren Eltern als einen wichtigen Aspekt in ihren Angeboten und Maßnahmen zu begreifen (vgl. BAGLJÄ, 2003). Da sich 5- 10 % aller Jugendlichen schwul bzw. lesbisch entwickeln, haben sie das Recht auf Förderung und Unterstützung durch die Jugendhilfe. Sind schwule und lesbische Jugendliche Benachteiligungen ausgesetzt, soll Jugendhilfe diese vermeiden oder abbauen. Dies könnte z.B. durch unterstützende Maßnahmen für schwule und lesbische Jugendliche, aber auch durch Maßnahmen zum Abbau von Diskriminierung erfolgen. Vor allem aus § 11 (SGB VIII) lassen sich besondere Maßnahmen der Jugendarbeit ableiten. Hiernach sind „jungen Menschen (…) die zur Förderung ihrer Entwicklung erforderlichen Angebote der Jugendarbeit zur Verfügung zu stellen", die „an den Interessen junger Menschen anknüpfen". Ist also der Nachweis erbracht, dass junge Lesben und Schwule besondere Angebote zur Förderung ihrer Entwicklung benötigen und diese an ihren Interessen anknüpfen, sind ihnen besondere Angebote der Jugendarbeit zu machen.

Um diese Angebote durchzuführen, können schwule und lesbische Jugendliche eigene Jugendverbände organisieren, welche nach § 12 SGB VIII zu fördern sind. Auch können Homosexuellenverbände und –initiativen selbst Angebote für schwule und lesbische Jugendliche gestalten und somit als freier Träger der Jugendhilfe auftreten, welche nach § 74 zu fördern sind. Eine dauerhafte Förderung setzt in der Regel eine Anerkennung als freier Träger der Jugendhilfe voraus, die durch den zuständigen Jugendhilfeausschuss nach § 75, bei bestimmten Vorraussetzungen gewährt wird.

Es ist, im Rahmen der Jugendhilfeplanung, nach § 80 SGB VIII durch den zuständigen öffentlichen Träger -die Jugendämter und Landesjugendämter- der Bedarf an Maßnahmen der Jugendhilfe festzustellen und die zur Befriedigung notwendigen Vorhaben zu planen. Hierbei sind auch die Bedürfnisse, Wünsche und Interessen der jungen Menschen, somit auch junger Lesben und Schwule, zu berücksichtigen.

Grundsätzlich bietet das SGB VIII demnach Möglichkeiten, besondere Angebote der Jugendarbeit für schwule und lesbische Jugendliche zu realisieren. Da sie allerdings, wie auch viele andere Zielgruppen, nicht besondere Erwähnung im Gesetz finden, ist es notwendig, dass der öffentliche Träger, freie Träger oder Homosexuellenverbände sie zum Thema machen und Bedarfe feststellen.

Zu beachten ist, dass auf eine Förderung der Angebote kein (Rechts-)Anspruch aus dem Gesetz besteht, da es sich hier um Kann- und Soll-Bestimmungen handelt. Hiermit erteilt der Gesetzgeber zwar einen Auftrag an die Jugendhilfe, der allerdings nicht verpflichtend ist. „Die Kinder- und Jugendhilfe nach SGB VIII regelt nicht im Einzelnen, wann Leistungen zu erbringen sind und wann nicht." (Bellermann, 2001: 130). Das SGB VIII bietet öffentlichen und freien Trägern somit einen Rahmen, in dem Schwerpunkte gesetzt werden können. Wie zuvor beim Grundgesetz lässt der Gesetzgeber den tätigen Akteuren somit einen Entscheidungsspielraum welche Maßnahmen sinnvoll und notwendig sind. Hierdurch wird versucht der Gefahr der Zementierung vorzubeugen. Allerdings besteht auch hierdurch die Gefahr, dass notwendige Angebote nicht vorgehalten werden.

Diese Gefahr besteht vor allem dadurch, dass der öffentliche Träger der Jugendhilfe über die Art und Höhe der Förderung zu Gunsten freier Träger „im

Rahmen der verfügbaren Haushaltsmittel nach pflichtgemäßen Ermessen" entscheidet (vgl. § 74,3 SGB VIII). Hierdurch ist es nicht nur notwendig, dass der öffentliche Träger der Jugendhilfe besondere Maßnahmen für schwule und lesbische Jugendliche für sinnvoll erachtet, es müssen für diese Angebote auch Haushaltsmittel zur Verfügung stehen. Diese für die Jugendarbeit bereitstehenden Haushaltsmittel sind im besonderen Maße von öffentlichen Haushaltslagen abhängig. Da kein Rechtsanspruch auf Förderung besteht, zählen diese Ausgaben für Jugendarbeit zu den freiwilligen Leistungen, die in Zeiten knapper öffentlicher Haushaltslagen in der Regel als erstes gekürzt oder gestrichen werden (vgl. Bellermann 2001). Bei der Verteilung der zur Verfügung stehenden Mittel müssen somit Prioritäten gesetzt werden. Dies gestaltet sich, nicht zu letzt durch die Einbindung verschiedener gesellschaftlicher Gruppen in die Entscheidung, auf die ich noch eingehen werde, schwierig.

„Das KJHG bietet zwar einen Rahmen; indem eine optimale Entwicklung von Kindern und Jugendlichen garantiert werden soll, es wurden allerdings keine Prämissen gesetzt, die auf eine besondere Förderung gerade gleichgeschlechtlicher Lebensweisen oder Modelle eingeht." (Knapp, 1999; 69)

Um selbst Träger von Angeboten der Jugendarbeit zu werden ist es notwendig einen eingetragenen Verein zu gründen. Wenn dieser gemeinnützig im Rahmen der Jugendarbeit tätig ist, also Angebote für Jugendliche vorhalten kann, kann dieser durch den zuständigen Jugendhilfeausschuss als Freier Träger der Jugendhilfe nach § 75 anerkannt werden. Erst wenn dieser Verein mindestens 3 Jahre im Bereich der Jugendhilfe tätig ist besteht ein Rechtsanspruch auf Annerkennung durch den Jugendhilfeausschuss.

9. Kommune und Land als öffentlicher Träger der Jugendhilfe

Dem Prinzip der Subsidiarität folgend, liegt die sachliche Zuständigkeit für die Angebote der Jugendarbeit bei den kommunalen Jugendämtern in den Kreisen bzw. kreisfreien Städten. Zu ihren Aufgaben gehört u.a. die Beteiligung und Förderung von freien Trägern der Jugendhilfe. Das Jugendamt besteht nach dem § 70 SGB VIII aus der Jugendamtsverwaltung und dem Jugendhilfe-ausschuss. In diesem Zusammenspiel stellt der Jugendhilfeausschuss das beschlussfassende Gremium dar, dass zu 3/5 aus Mitgliedern des Rates und zu 2/5 aus sachkundigen Bürgern besteht, die häufig durch Verbände benannt werden. Die Mitglieder des kommunalen Jugendhilfeausschusses sind somit zur Realisierung von Angeboten der Jugendarbeit für schwule und lesbische Jugendliche wichtige Ansprechpartner.

Die oberste Landesjugendbehörde, in der Regel das Jugendministerium, ist ebenfalls für die Förderung der freien Träger zuständig. Auch auf Landesebene findet sich die Zweiteilung in Jugendverwaltung und Landesjugendhilfe-ausschuss wieder. Die Förderung der freien Träger von Seiten des Landes erfolgt in der Regel über die Kommunen, die hierfür vom Land finanzielle Mittel erhalten. Zusätzlich gibt es in vielen Ländern eigene Landesjugendförderpläne, aus denen freie Träger der Jugendhilfe Mittel für ihre Arbeit erhalten können. Diese Mittel werden in der Regel dazu ausgeschüttet, um die Aufgabe der Weiterentwicklung der Jugendarbeit, wie sie in § 82 SGB VIII den obersten Landesjugendbehörden zugewiesen ist, wahrzunehmen. Hierin besteht eine Chance für die Jugendarbeit für schwule und lesbische Jugendliche, da die Beachtung dieser Zielgruppe als eine Weiterentwicklung betrachtet werden kann. Beantragt werden können hier sowohl einzelne Projekte und häufig auch Modellvorhaben. In Köln und Gelsenkirchen hat sich aus diesem Grund das Land NRW an der Errichtung der schwul- lesbischen Jugendeinrichtungen beteiligt.

In einigen Bundesländern wurde das SGB VIII durch ein Landesausführungs-gesetz ergänzt bzw. konkretisiert. Schwule und lesbische Jugendliche finden hierin vor allem im Landesausführungsgesetz des Landes Berlin Berücksichtigung. In § 3,3 des AG-KJHG vom 24.06.2004 heißt es, dass Jugendhilfe „der Ausgrenzung und Randständigkeit entgegen zu wirken und dabei Toleranz und gesellschaftliche Teilhabe zu fördern (hat). Dies gilt auch für den Umgang mit Menschen unterschiedlicher sexueller Orientierung." Außerschulische Jugendbildung soll dazu beitragen, „Offenheit und Akzeptanz gegenüber der Lebensweise aller Menschen, unabhängig ihrer sexuellen

Identität auszubilden und zu fördern." (§ 6,3 Satz 5 AG- KJHG). In anderen Ländern fehlt bisher eine besondere Erwähnung schwuler und lesbischer Lebensweisen. Stattdessen finden schwule und lesbische Jugendliche im Landesjugendplan des Landes Nordrhein- Westfalen Erwähnung. Die Landesregierung Schleswig- Holstein zeigt in einer Zusammenstellung Auslegungsmöglichkeiten zu Gunsten lesbischer und schwuler Jugendlicher des dortigen Jugendförderungsgesetzes auf (vgl. Ministerium für Justiz, Frauen, Jugend und Familie des Landes Schleswig- Holstein, 2001).

10. Referate für gleichgeschlechtliche Lebensformen

Eine von mir durchgeführte Umfrage bei den Landesregierungen hat ergeben, dass es in den meisten Bundesländern Beauftragte bzw. Referate für gleichgeschlechtliche Lebensweisen gibt. Von den 11 Bundesländern, die sich an der Umfrage beteiligten, halten 8 Bundesländer eine solche Struktur in sehr unterschiedlichem Maße aufrecht. Die meisten Referate entstanden nach vorhergehender Lobbyarbeit von Homosexuellenverbänden in den 90er Jahren, auf Grundlage von Koalitionsvereinbarungen von SPD und Bündnis90 / Die Grünen. Auffallend ist in diesem Zusammenhang, dass alle Referate entstanden sind in den Regierungszeiten von SPD und Bündnis 90 / Die Grünen. Länder mit CDU oder CDU- FDP- Regierung haben, laut der vorliegenden Umfrage keine Referate eingesetzt. Begründet wird das Nichtvorhandenseins eines Referates z.B. durch die Thüringische Landesregierung damit, dass es durch die Verfassung bereits ein Benachteiligungsverbot gäbe und dass die bestehende Alltagsdiskriminierung nicht durch Regierungshandeln verändert werden könnte (vgl. Thüringer Landtag, 2001). Es ist allerdings festzustellen, dass die Referate, sofern sie bereits bestanden, bei Regierungswechseln zu CDU / FDP Aufrecht erhalten wurden und die Regierungen die Tätigkeit der Referate unterstützte (vgl. Berlin, Niedersachsen, Hamburg).

Zur Aufgabenwahrnehmung stehen den Beauftragten und Referaten sehr unterschiedliche personelle und finanzielle Mittel zur Verfügung. In einigen

Ländern (Schleswig- Holstein, Niedersachsen, Nordrhein- Westfalen, Berlin) stehen zur Förderung der schwul- lesbischen Emanzipation besondere Haushaltsmittel zur Verfügung. Hier ist es auch für schwul- lesbische Jugendinitiativen möglich eine Projektförderung zu erreichen. Ausgegeben werden hierüber allerdings in der Regel nur vergleichsweise geringe Mittel, die nicht ausreichen, um ein schwul- lesbisches Jugendzentrum zu errichten. Durch diese Projektfinanzierung ist es aber z.B. möglich in den Kommunen die Lebenssituation und die Bedarfe von lesbischen und schwulen Jugendlichen, z.B. durch eine Öffentlichkeitskampagne, deutlich zu machen und Jugendämter, Jugendarbeiter, Jugendpolitiker sowie auch Allgemeinbevölkerung hierfür zu sensibilisieren. Wie bei den Mitteln aus dem Bereich der Jugendhilfe handelt es sich auch bei den Haushaltsmitteln der Referate für gleichgeschlechtliche Lebensformen um freiwillige Leistungen, die ebenso besonders abhängig von den öffentlichen Haushaltslagen, und somit von Kürzungen betroffen sind.

Abgesehen von den eigenen Fördermöglichkeiten unterstützen die Referate schwul- lesbische Jugendarbeit, in dem sie die Lebenslagen schwuler und lesbischer Menschen innerhalb des Landes thematisieren. Dies kann z.B. dazu führen, dass ein schwul- lesbischer Verband leichter Mittel aus dem Landesjugendamt bekommt, da die Mitarbeiter in der zuständigen Behörde bereits sensibilisiert wurden. Die Sensibilisierung von Fachkräften, aber auch der Allgemeinbevölkerung sehen alle Referate für gleichgeschlechtliche Lebensformen laut der Umfrage als eine wichtige Aufgabe an, auch um die Lebenssituation von schwulen und lesbischen Jugendlichen zu verbessern. Hierzu organisieren einige Länder Fachtagungen oder geben Publikationen und Studien, z.B. zur Lebenssituation schwuler und lesbischer Jugendlicher (Niedersachen / NRW) heraus.

Zur Stärkung der schwul- lesbischen Initiativen und Verbänden regen die Referate die Vernetzung der einzelnen Gruppen, zum Beispiel durch Förderung eines Landesverbandes (z.B. NRW) oder durch die Veranstaltung von Runden Tischen an. Auch ein Austausch mit anderen Jugendverbänden wird von einigen Referaten, z.B. Hessen aktiv gefördert.

11. Akteure im Sozialstaat und ihre Zusammenhänge

Wie schon in den letzten Teilen erwähnt, sind staatliche Leistungen für schwule und lesbische Jugendliche nicht klar in den Gesetzen bestimmt. Somit kommt der politischen Aushandlung eine große Bedeutung zu. Dies macht eine Betrachtung der politischen Akteure notwendig.

Als zentrales Leitbild der deutschen Demokratie ist der Pluralismus zu bezeichnen. Der Pluralismus bezeichnet eine Gesellschaftsform, in der verschiedene mehr oder weniger unabhängige Interessensgruppen um sozialen und politischen Einfluss in Konkurrenz stehen. Dabei arbeiten diese Interessensgruppen teilweise zusammen, ergänzen oder bekämpfen sich. In dieser Gesellschaftsform wird Gemeinwohl nicht von der Staatsführung vorgegeben, sondern ist das Ergebnis von Gruppenauseinandersetzungen. Diese Gesellschaftsform begründet z.b. auch, dass im Grundgesetz oder dem SGB VIII keine klare Zuschreibung zu finden ist, was der Staat an Sozialleistungen zu leisten hat und was nicht. In Deutschland wird das Leitbild Pluralismus u.a. ausgedrückt durch die Parteien, das Subsidiaritätsprinzip, sowie die Beteiligung von Verbänden an der Gestaltung des (Sozial-) Staates.

Den Parteien kommt in diesem Zusammenspiel der Akteure eine besondere Bedeutung zu. Dies ist vor allem darin begründet, dass durch sie die jeweiligen Parlamente und Regierungen auf kommunaler, Landes- und Bundesebene gebildet werden. Aus diesem Grunde sind die politischen Parteien wichtige Ansprechpartner wenn es um die Förderung von Angeboten der Jugendarbeit geht. Besonders gilt es die Mitglieder der relevanten Ausschüsse (Jugendhilfeausschuss / Sozialausschuss) und die Sprecher der Parteien und Fraktionen für den jeweiligen Fachbereich für das Vorhaben zu gewinnen. Sie schaffen es in der Regel ihre Partei und Fraktion von einem Vorhaben zu überzeugen (vgl. Elke Kress, 2004).
„Sie (die Parteien, T.S.) bündeln und integrieren unterschiedliche Interessen, Weltanschauungen und Meinungen." (Bundeszentrale für politische Bildung a). Die Aufgabe der Parteien ist es somit die unterschiedlichen Interessen und Wünsche der Bürger aufzunehmen und sich hierzu als Partei zu positionieren.

In Wahlprogrammen, durch Veröffentlichungen und bei politischen Veranstaltungen ist dann zu erfahren, welche Positionen die Parteien vertreten und bei einer Wahl zu Richtschnur ihrer Politik werden lassen. Die Abhängigkeit von Wahlen ist ein zentrales Moment der Parteien. An ihnen erkennen sie, in wie fern ihre Positionierungen dem Willen der Allgemeinheit entspricht. Da jede Partei gewählt werden möchte, versuchen sie keine Bevölkerungsgruppe als Wähler zu „verprellen". Somit findet sowohl innerhalb, als auch in Konkurrenz zwischen den Parteien ein Aushandlungs- und Abwägprozess statt zwischen dem Willen und den Interessen verschiedener Bevölkerungsgruppen, mit dem Ziel einen tragfähigen Kompromiss zu erzielen.

Den Umgang der einzelnen Parteien mit der Thematik „Homosexualität" werde ich gesondert behandeln.

Ebenfalls wichtige Akteure des Sozialstaates stellen die verschiedenen Verbände, in denen sich BürgerInnen zusammenschließen, um gemeinsam für ihre Ziele einzutreten. In diesem Zusammenhang sind vor allem die Jugendverbände und die Wohlfahrtsverbände relevant.

Neben den 6 großen Wohlfahrtsverbänden (Caritas, Diakonie, Deutsches Rotes Kreuz, Arbeiterwohlfahrt, Der PARITÄTische, Zentralwohlfahrtsstelle der Juden) mit ihren Untergliederungen und Verbänden auf Bundes-, Landes- und kommunaler Ebene sind vor allem die Jugendverbände fest in die Strukturen der Jugendhilfe integriert. Wohlfahrts- und Jugendverbände sind die zentralen Anbieter, vor allem von sozialen Dienstleistungen. Neben traditionellen Gründen liegt das vor allem daran, dass sich staatliche Sozialpolitik erhofft hierdurch, auf Grund der zahlreichen ehrenamtlichen Helfer der Verbände und den durch sie zu erbringenden Eigenanteil, Kosten zu sparen (vgl. Bellermann 2001). Zur Durchführung von den sozialen Leistungen, z.B. Jugendarbeit erhalten die Verbände vom öffentlichen Träger zweckgebundene Personal- und Sachkostenzuschüsse.

Auch durch die Sozialgesetzgebung sind die Verbände fest in den Sozialstaat integriert. Bezüglich der Leistungen findet auch hier das Subsidiaritätsprinzip Anwendung. Diesem Prinzip folgend ist beim Anbieten von Leistungen in § 4 (2) der Nachrang des öffentlichen Trägers nach den freien Trägern formuliert. Der öffentliche Träger soll die freien Träger und die verschiedenen Formen der

Selbsthilfe fördern und stärken (vgl. SGB VIII § 4,3). Aber nicht nur als Leistungsanbieter sind die Wohlfahrts- und Jugendverbände in den Sozialstaat eingebunden. Der öffentliche Träger soll mit den freien Trägern „partnerschaftlich zusammenarbeiten" (SGB VIII § 4). Praktisch eingebunden werden die Verbände und ihre Zusammenschlüsse, wie z.b. Stadtjugendringe, in denen sich alle Jugendverbände einer Stadt zusammengeschlossen haben unter anderem in Arbeitsgemeinschaften nach § 78. In diesen Arbeitsgemeinschaften sollen die freien Träger und der öffentliche Träger die geplanten Maßnahmen aufeinander abstimmen. Somit sind die Verbände und ihre Arbeitsgemeinschaften fest in die Jugendhilfeplanung integriert. Dies folgt auch aus § 80 SGB VIII, wonach der öffentliche Träger die freien Träger in alle Phasen der (Jugendhilfe-) Planung einzubeziehen hat. Somit nehmen die Verbände und ihre Arbeitsgemeinschaften entscheidenden Einfluss auf die Gestaltung der Jugendarbeit, was durchaus auch kritisch zu bewerten ist. „Nicht selten werden die Mittel unter den Verbänden kartellmäßig aufgeteilt." (Bellermann 2001; 173). Dies kann, vor allem in Zeiten von knappen öffentlichen Haushalten und Kürzungen im Jugendhilfebereich zur Besitzstandswahrung führen, die neue Träger mit neuen Angeboten nicht zulässt.

Aber nicht nur an der vorbereitenden Planung sind die Jugend- und Wohlfahrtsverbände beteiligt; auch bei der Entscheidung spielen sie im Bereich der Jugendhilfe eine wichtige Rolle, in dem sie Vertreter als beratende oder auch stimmberechtigte Mitglieder in den Jugendhilfeausschuss entsenden. Das Prozedere hierbei ist kommunal sehr unterschiedlich. Das SGB VIII sieht aber vor, dass ein Teil der Ausschussmitglieder aus sachkundigen Bürgern besteht, bei deren Auswahl die Vorschläge der Jugend- und Wohlfahrtsverbände „angemessen zu berücksichtigen" sind (SGB VIII § 71 1,2). Durch die Einbeziehung von Jugendverbänden, als von Jugendlichen selbst organisierte und gemeinsam gestaltete Vereinigungen, sollen hierdurch die Interessen junger Menschen direkt vertreten werden.

Diese Einbindung der Interessengruppen durch Verbände in politische Entscheidungsprozesse wird als Korporatismus bezeichnet (vgl. Schubert / Klein 2001 ; Bellermann 2004). Der Korporatismus bietet für alle beteiligten Akteure Vorteile; die staatliche Verwaltung erhält tieferen Einblick in eigentliche

Tätigkeit der Träger und kann diese über Zuwendungen etc. steuern, die politischen Entscheidungsgremien beziehen die Interessensgruppen in die Entscheidung ein, so dass diese sich nur schwer gegen getroffene Entscheidungen stellen können und die Verbände erhalten so Durchsetzungsmöglichkeiten für ihre Forderungen. Kritisch ist zum einen hierbei das entstehende Abhängigkeitsverhältnis zu benennen, durch das die Verbände zumindest teilweise durch Politik und Verwaltung steuerbar sind und zum anderen, dass durch die Einbeziehung der etablierten Träger ein Ungleichgewicht zwischen etablierten und neuen Initiativen entsteht, was es für neue Initiativen teilweise deutlich erschwert eine Förderung zu erhalten.

Neben dieser formalen Einbeziehung der Verbände in politische Entscheidungsprozesse, haben diese weitere Einflussmöglichkeiten in Form von Lobbyarbeit. Hierbei nutzen die Verbände die Abhängigkeit der Parteien von Wahlen und versuchen durch Wahl"hilfen" etc. die öffentliche Meinung zu mobilisieren. Den Parteien ist somit daran gelegen, im Hinblick auf Wählerstimmen die Verbände positiv zu stimmen. Ein weiteres Einflussmoment der Verbände ist der Einfluss auf einzelne Abgeordnete, die den Verbandsinteressen nahe stehen oder sogar die personelle Durchdringung der Parteien und Verwaltungen durch Mitglieder der Verbände (vgl. von Alemann, 1996).

Als weitere zentrale Akteure des Sozialstaates sind die Sozialverwaltungen in der Betrachtung nicht zu vernachlässigen. Zwar unterliegen sie dem politischen Willen, allerdings sind sie auch in der Lage diesen zu prägen. Dies geschieht z.B. durch Berichte oder Beratung des Jugendamtes im Jugendhilfeausschuss oder durch von der Verwaltung erstellte Beschlussvorlagen. Vor allem in der Kommune ist dieser Einfluss nicht zu unterschätzen. Beispielsweise bei der Aufstellung eines Haushaltsplanes verplanen die Jugendämter die Gelder für Jugendarbeit und fassen diese in Positionen zusammen, so dass für das einzelne Jugendhilfeausschussmitglied nicht ohne Nachfrage / Recherche klar wird, welche Zahlungen an welche Gruppen sich dahinter verbergen. Auf Grund der Fülle an verschiedenen Haushaltsstellen werden diese Vorlagen in der Regel sehr unübersichtlich, und nur bei besonderem Interesse schauen die Ausschussmitglieder genauer hin. Vor allem auch durch die Neue Steuerung, die Entscheidungskompetenzen an die einzelnen Sachbearbeiter abgibt, gewinnen die Verwaltungseinheiten bei der Förderung von Projekten eine bedeutende Rolle (vgl. Boeßenecker, Trube, Wohlfahrt 2001).

Diese Darstellung der relevanten Akteure des deutschen Sozialstaates macht deutlich, dass zahlreiche Interessensgruppen in die Entscheidung, ob schwul-lesbische Jugendarbeit gefördert wird oder nicht, beteiligt sind. Dies ist bei der Entwicklung einer Strategie zur Umsetzung von schwul- lesbischer Jugendarbeit zu bedenken, und zeigt wie bedeutend die öffentliche Meinung und speziell die Haltung der Parteien zu diesem Thema ist.

12. Umgang mit Homosexualität in der Gesellschaft

Wie im vorangegangenen gezeigt, ist die gesellschaftliche Haltung zu Homosexualität entscheidend dafür, ob spezielle Angebote der Jugendarbeit für schwule und lesbische Jugendliche gestaltet werden oder nicht.

Noch vor einigen Jahren wäre diese Diskussion überhaupt nicht möglich gewesen. Dies zeigt den voranschreitenden gesellschaftlichen Wandel, der als Endtraditionalisierung bezeichnet werden kann. „Nur in posttraditionalen sozialen Ordnungen, in denen eine Heterogenität von Lebensentwürfen als Denkmöglichkeit existieren, können überhaupt verschiedene Lebensentwürfe realisiert werden." (Hark 2000). Die Gründe für diesen Wandel der Endtraditionalisierung und Individualisierung sind vielschichtig und werden bedingt v.a. durch die Steigerung der materiellen Lebensstandards, so dass im Grunde jeder für sich allein sorgen kann und nicht mehr abhängig ist von familiären Strukturen, sowie durch die gestiegene soziale und geographische Mobilität, die unter anderem durch berufliche Ortswechsel notwendig wird (vgl. Beck 2001). Dies alles führt dazu, dass die traditionellen Sozialgefüge brüchig werden und somit eine Wahlfreiheit von Lebenslaufmustern, auch schwulen und lesbischen bedingt.

Einen großen Beitrag zur Endtraditionalisierung von Lebensformen und zur Beachtung der Interessen von Lesben und Schwulen, leisteten und leisten vor allem die Aktivisten und Aktivistinnen der Schwulen-, Lesben- und

Frauenbewegung. Durch die öffentliche Präsenz von Lesben und Schwulen konnten vermehrt Vorurteile abgebaut und die Gesellschaft auf Diskriminierung, Ausgrenzung und Unterstützungsbedarfe hingewiesen werden. Nicht zu letzt durch das Aufkommen von AIDS, was allerdings auch wieder Vorurteile aufkommen ließ, und die hierauf reagierende AIDS- Hilfe Bewegung, wurde die gesellschaftliche Diskussion über schwul- lesbische Lebensformen angeregt. Durch die AIDS- Hilfe Bewegung wurden Schwule und auch Lesben zu Ansprechpartnern von politischen Gremien, die durch den persönlichen Kontakt bei den Entscheidungsträgern Vorurteile abbauen konnten und die sich an den Umgang mit Lesben und Schwulen gewöhnten. Verbände der schwul-lesbischen Selbsthilfe gehören mittlerweile vielerorts zu regelmäßigen Ansprechpartnern von Politikern auf kommunaler, wie auch auf Landes- und Bundesebene. Die vielen, vor allem auch prominenten Lesben und Schwulen haben mit ihrem öffentlichen Coming- Out das Bild vieler Menschen über Lesben und Schwule verändert. Eine zweischneidige Rolle spielten hierbei auch die Medien, die in der heutigen Zeit zwar oft wie selbstverständlich Schwule und Lesben in ihre Serien und Talkshows einbeziehen, dabei aber auch häufig durch die Art der Darstellung Klischees und Vorurteile bedienen.

Nichts desto weniger sind Schwule und Lesben weiterhin zahlreichen Vorbehalten ausgesetzt. Hieran erkennt man auch die Grenzen der Individualisierung. „Individualisierung steht unter dem normativen Anspruch der Ko- Individualisierung mit- oder gegeneinander. Aber die Individualisierung des / der Einen ist oft genug die Grenze der Individualisierung des Anderen (…) Die Vorstellung des autarken Ichs ist eine pure Ideologie." (Beck 2001). Dies trifft vor allem bei Schwulen und Lesben zu, greifen sie doch mit der Forderung nach Gleichstellung zentrale und tief verwurzelte Normen und Werte an. Durch die Gleichstellung von Lesben und Schwulen kommen traditionelle Geschlechterrollen (Männlichkeitsideal / Weiblichkeitsideal) und Familienverständnisse in Bewegung. Die Institution „Heterosexualität", bisher unhinterfragte Praxis sozialen Lebens wird in Frage gestellt. Diese Infragestellung bisher zentraler Ordnungsvorstellungen stellt für viele Menschen eine Überforderung dar; nicht zuletzt da die Heterosexualität eine durch „vielfältige normative, kulturelle, gesetzliche und soziale Regulierung erzeugte

Selbstverständlichkeit darstellt" (vgl Hark 2000), und führt zu Abwehr in Form von Marginalisierung und Diskriminierung schwuler und lesbischer Lebensformen.

Insgesamt ist, wie oben beschrieben, ein Wandelprozess im Gange, der auch die Geschlechtsrollenideale und Familienverständnisse betrifft, und Schritt für Schritt auch die Anerkennung von lesbischen und schwulen Lebensformen begünstigt. Hierin liegen im Übrigen auch Chancen für die heterosexuelle Mehrheitsgesellschaft, wenn man bedenkt, dass z.b. durch die vorliegende Homophobie alle Männer diskriminiert werden, indem das Annehmen von als weiblich verstandenen Eigenschaften oder Männerfreundschaften mit dem Schimpfwort „Schwuli" sanktioniert wird. Vor diesem Hintergrund wird auch die Diskriminierung der Frau erneut deutlich, deren zugeschriebene Eigenschaften als weniger bedeutend marginalisiert werden. In der Auseinandersetzung mit vielfältigen Lebensweisen besteht die Chance, die eigene Lebensform zu reflektieren, Bestehendes in Frage zu stellen, Neues zuzulassen und bewusst zu der eigenen sexuellen Identität (und Lebensweise, T.S.) zu stehen (…) So verstanden kann eine Auseinandersetzung mit Fragen der sexuellen Orientierung für alle eine Bereicherung sein." (Brucker, Furhmann u.a. 1993). In der Infragestellung der geschlechtsdifferenzierenden Zuschreibung von Eigenschaften liegt somit die Chance die eigene Lebensweise zu gestalten und die Bereicherung durch das gleichzeitige Annehmen „typisch weiblicher" und „typisch männlicher" Eigenschaften zu erfahren, wie dies bei der Gestaltung von lesbischen bzw. schwulen Partnerschaften notwendig ist.

Der beschriebene Einstellungswandel ist unter anderem auch daran ersichtlich, dass mittlerweile die rechtliche Absicherung von lesbischen und schwulen Partnerschaften und Antidiskriminierungsarbeit mehrheitsfähig ist. Nichts desto trotz werden die Vorbehalte in der Gesellschaft im direkten Umfeld von Lesben und Schwulen immer wieder deutlich. Dies zeigt sich auch in der Umfrage von Michael Bochow, wonach 46 % der Westdeutschen und 37 % der Ostdeutschen der Aussage zustimmten, Homosexuelle seien gefährlich, weil sie oft versuchen Jugendliche zu verführen (vgl. Bochow 1993).

Für die Etablierung von Angeboten der Jugendarbeit für Lesben und Schwule bedeutet dies, dass eine intensive Informations- und Überzeugungsarbeit von Seiten der Aktivisten geleistet werden muss. Hierbei müssen sie sich zum einen mit der grundsätzlichen Ablehnung von Homosexualität und Vorurteilen auseinandersetzen, aber auch mit der Haltung, dass Homosexualität mittlerweile etwas völlig normales ist und daher besondere Angebote der Jugendarbeit nicht notwendig sind, oder das Homosexualität „Privatsache" ist und keiner gesellschaftlichen Betrachtung bedarf.

13. Parteien und Stellung zu Schwulen und Lesben im Sozialstaat

Hinweise für die gesellschaftliche Stellung des Themas „Homosexualität" bieten auch die Programme der Parteien in Deutschland, bündeln sie doch die unterschiedlichen Interessen, Meinungen und Weltanschauungen (vgl. Bundeszentrale für politische Bildung 2004). Die Haltungen der Parteien sind für die Umsetzung von Angeboten der Jugendarbeit für lesbische und schwule Jugendliche besonders relevant, da die Programme der Parteien auch die Grundrichtung ihrer Politik abbilden. Im folgenden werde ich mich also mit den Programmen der 4 großen deutschen Parteien, CDU / CSU, SPD, FDP und Bündnis 90 / Die Grünen beschäftigen und versuchen deren Haltung zu der Thematik abzuleiten und Anknüpfungspunkte zur Argumentation für schwullesbischer Jugendarbeit ermitteln.

Interessant in diesem Zusammenhang ist nicht nur die besondere Benennung von Schwulen und Lesben in den Parteiprogrammen, sondern auch das jeweilige Verständnis von Sozialstaat. Hierin wird deutlich welchen Zweck die einzelnen Parteien in sozialen Leistungen sehen und welche Angebote die einzelnen Parteien privilegieren.

Eine grobe Unterteilung kann hier vorgenommen werden in kausale, reaktive und finale, präventive Sozialpolitik (vgl. Bellermann 2001). Parteien, die eher eine kausale und reaktive Sozialpolitik verwirklichen, wie in Tendenz eher die

CDU / CSU und FDP versuchen durch soziale Leistungen weniger zu gestalten, als vielmehr aufgetretene Missstände und Notlagen zu beheben.

Auf Grund dieses Sozialstaatsverständnisses, einem eher konservativen Wählerklientel und der Verbundenheit mit den Homosexualität eher ablehnenden Kirchen (vgl. Mucke 1993) und ihren Verbänden, geht die CDU eher zurückhaltend mit der Thematik „Homosexualität" um. Dies zeigt sich zum Beispiel an ihrer ablehnenden Haltung zur Eingetragenen Lebenspartnerschaft, in ihrem Umgang mit der LSU (Organisation von Lesben und Schwulen in der Union), die bis heute nur in Berlin eine anerkannte Parteiorganisation darstellt, und auch in der Tatsache, dass in keinem Land, in dem die CDU regierungsverantwortlich ist, ein Referat geschaffen wurde, dass die gesellschaftliche Situation von Lesben und Schwulen verbessern soll. Diese Haltungen sind nicht unbedingt als homosexuellenfeindlich zu bewerten. Die CDU wertet Homosexualität, wahrscheinlich auch in Rücksicht auf deren konservatives Wählerklientel als eine Privatsache und verweist hier auf ihren Grundwert „Freiheit", wonach sie für das „Recht des einzelnen auf freie Entfaltung der Person", also auch der Schwulen und Lesben eintreten (CDU 1994). Auch in Stellungnahmen zur Eingetragenen Lebenspartnerschaft lehnen sie das Rechtsinstitut mit Verweis auf den grundgesetzlich geforderten besonderen Schutz der Ehe und Familie zwar ab, formulieren aber dass „Homosexuelle Menschen und Lebensgemeinschaften (..) in unserer Gesellschaft Anspruch auf Nichtdiskriminierung, Achtung und Nichtausgrenzung (haben)" (CDU- Bundesvorstand 2000). Weiter formuliert hier der CDU- Bundesvorstand, dass sofern Defizite bestehen, seien dies in der Regel Fragen des „alltäglichen Umgangs in der Gesellschaft", und die Gesellschaft, ihre Mitglieder und Institutionen seien aufgerufen „Zurücksetzungen und Benachteiligungen im Alltag entgegen zu treten" (ebd.). Hieran zeigt sich, dass die CDU nicht grundsätzlich ablehnend gegenüber Homosexualität eingestellt ist, sondern dass es ihrem Verständnis von Sozialpolitik weniger entspricht die Gesellschaft zu gestalten, als auf Missstände zu reagieren.

Bezüglich der Förderung sind sie, dies zeigen die Erfahrungen der schwul-lesbischen Jugendzentren in Städten mit CDU- Ratsmehrheit (z.B. Essen und Köln) dazu bereit Unterstützungsangebote für schwule und lesbische Jugendliche zu fördern, wenn ihnen deutlich gemacht wurde, dass diese für die Zielgruppe und ihre Familien sinnvoll und notwendig sind. Durch die eher konservative Mitgliedschaft, können CDU- Politiker teilweise die Schwierigkeiten lesbischer und schwuler Jugendlicher nachvollziehen und sehen vor allem den Bedarf an Austausch mit anderen Jugendlichen und qualifizierten Beratungseinrichtungen.

Insgesamt erkennt die CDU den Wert einer „Pluralen Jugendarbeit" und des „Pluralismus" an und sieht es als Aufgabe der Sozialpolitik an, diese zu fördern (vgl. CDU 1994). Kritisch betrachtet führt diese Förderung des Pluralismus teilweise dazu, dass mit der Gießkanne gefördert wird und für jeden einzelnen nicht viel übrig bleibt. Allerdings besteht hierdurch die Chance, dass auch nicht etablierte Bevölkerungsgruppen berücksichtigt werden.

Auch die FDP favorisiert eher das kausal, reaktive Sozialstaatsmodell und spricht sich eher für einen minimalistischen Sozialstaat aus, der die größten Risiken abdeckt. Dies liegt vor allem daran, dass sie ihren Grundwert der „Freiheit", ähnlich wie die CDU / CSU auch so auslegen, dass sozialstaatliches Handeln Abhängigkeiten schafft und somit tendenziell unfrei macht. In ihrem „Bürgerprogramm 2002" sprechen sie sich deutlich für eine eingetragene Lebenspartnerschaft und den Abbau von „weiterer Diskriminierung" aus (vgl. FDP 2002). Weitere Einlassungen zum Thema „Homosexualität" und auch zur „Jugendarbeit" sind im Bürgerprogramm 2002 und in den Wiesbadener Grundsätzen von 1997 nicht zu finden. Ingesamt wird von der FDP allerdings die „Freiheit" zum Abbau von Diskriminierung verwandt. In diesem Sommer wurde durch die FDP als erste im Bundestag vertretene Fraktion ein umfassendes Ergänzungsgesetz zum Lebenspartnerschaftsgesetz eingebracht, dass die nahezu vollständige Gleichstellung mit der Ehe vorsieht.

Eine eher finale und präventive Sozialpolitik, deren Aufgabe darin gesehen wird, Lebensbedingungen nachhaltig so zu gestalten, dass Notsituationen möglichst erst gar nicht auftreten, wird tendenziell eher durch die SPD und Bündnis 90 / Die Grünen vertreten.

Ausgehend von diesem Sozialstaatsverständnis wird Sozialpolitik auch als Gesellschaftspolitik verstanden, die die Aufgabe hat, Gesellschaft zu gestalten. Die SPD formuliert in ihrem Grundsatzprogramm, dass sie „eine gesellschaftliche Gleichheit von Frau und Mann, eine Gesellschaft ohne Klassen, Privilegien, Diskriminierung und Ausgrenzung will." (SPD 1998).

„Sozialpolitik will nicht nur reparieren, sondern vorausschauend gestalten" (SPD 1998) und Lebensbedingungen, die physisch oder psychisch krank machen besser erforschen und „tatkräftig" verändern (vgl. SPD 1998). Hiernach sind auch die Aufgabenzuschnitte der Referate für gleichgeschlechtliche Lebensweisen zu verstehen, die alle zu Zeiten entstanden sind, in denen die SPD an der Landesregierung beteiligt waren. Durch sie wird das Ziel verfolgt durch Aufklärung und Thematisierung Diskriminierung abzubauen und die Lebensbedingungen von Lesben und Schwulen so zu verändern. Weitgehend aufgeschlossen ist die SPD auch im Hinblick auf die eingetragene Lebenspartnerschaft, die sie zusammen mit Bündnis 90 / Die Grünen auf den Weg gebracht hat. In ihrem Grundsatzprogramm formulieren sie hierzu: „Für uns haben alle Formen von Lebensgemeinschaften Anspruch auf Schutz und Rechtssicherheit. Keine darf diskriminiert werden auch die gleichgeschlechtliche nicht." (SPD 1998). Auf dem Parteitag der SPD in Nürnberg im November 2001 ergeht ergänzend der Beschluss, dass „eine effektive Gleichstellungspolitik (..) ein wesentliches Element erfolgreicher gesellschaftlicher Modernisierung und innovativer Gesellschaftspolitik (ist)." (SPD 2001) Weiter heißt es in dem Beschluss, die Gleichstellung gleichgeschlechtlicher Lebensgemeinschaften sei „längst überfällig" (vgl. SPD 2001).

In der Jugendarbeit sieht die SPD eine Möglichkeit für junge Menschen „ihr Leben selbst zu gestalten, unterschiedliche Lebens- und Beziehungsformen aus(zu)probieren und mit kulturellen Ausdrucksformen (zu) experimentieren" (SPD 1998). Hierzu setzten sie sich laut Grundsatzprogramm für den Ausbau öffentlicher und selbstbestimmter Jugendfreizeit- und Kultureinrichtungen ein. In der Jugendarbeit für Lesben und Schwule sehen aufgeschlossene Mitglieder der SPD demnach nicht nur das Reagieren auf Missstände und Benachteiligungen, sondern auch die Möglichkeit durch Jugendarbeit den gesellschaftlichen Wandel zu gestalten. Wie durch die Förderung der schwullesbischen Selbsthilfe sehen sie häufig auch in der Förderung schwullesbischer Jugendarbeit die Chance, dass Jugendliche dazu gestärkt und motiviert werden sich in die Gesellschaft einzubringen und den Wandel mit zu gestalten. Hierzu fördern die Referate häufig auch die Öffentlichkeitsarbeit der Träger.

Auch wenn die SPD im Hinblick auf das Grundsatzprogramm dem Thema „Homosexualität" tendenziell offener eingestellt zu sein scheint, darf dies nicht darüber hinweg täuschen, dass auch hier nicht nur Förderer von schwullesbischer Jugendarbeit vereinigt sind. Die Erfahrungen der schwul- lesbischen Jugendinitiativen haben gezeigt, dass auch mit Mitgliedern der SPD, vor allem in den Kommunen häufig zahlreiche Gespräche geführt werden müssen, um persönliche Vorbehalte abzubauen und für ein solches Projekt zu begeistern. Neben der Frage, „ob das heute überhaupt noch nötig sei" stellen vor allem auch SPD- Politiker die Frage, „ob dies im Sinne von Integration von lesbischen und schwulen Lebensformen ist."

Noch deutlicher als die SPD treten Bündnis 90 / Die Grünen für eine final, präventive Sozialpolitik ein, die sie in ihrem Grundsatzprogramm von 2002 als „emanzipative Sozialpolitik" bezeichnen, die es zum Ziel hat „soziale Ausgrenzung zu vermeiden und die soziale Lage der am schlechtesten Gestellten zu verbessern." (Bündnis 90 / Die Grünen 2002). Nicht zuletzt aus der Gründungstradition entstammt die Affinität zu bürgerschaftlichen Bewegungen und Selbsthilfeinitiativen, wie zum Beispiel auch die AIDS- Hilfen und die Schwulen- und Lesbenbewegung. In ihnen sehen Bündnis 90 / Die Grünen eine wichtige Chance des Sozialstaates, eine Ergänzung zu den bestehenden Sozialorganisationen, einen Motor für gesellschaftlichen Wandel und wichtige „Kooperationspartner" für den Sozialstaat, der diese zu fördern hat (vgl. Bündnis 90 / Die Grünen 2002). Aus dieser Überzeugung heraus, sind auch schwul- lesbische Gruppen bei Bündnis 90 / Die Grünen willkommene Ansprechpartner. Mit Lesben- und Schwulenpolitik haben sie in vielen

Bundesländern und auch auf Bundesebene ein neues Politikfeld ins Leben gerufen und waren maßgeblich an der Gründung von Referaten für gleichgeschlechtliche Lebensweisen, z.B. in Nordrhein- Westfalen (vgl. Landtag NRW 1991 a / Landtag NRW 1991 b / Landtag NRW 1991 c / Bild- Zeitung 1996) und an der Schaffung eines Rechtsinstitutes für gleichgeschlechtliche Partnerschaften beteiligt.

Auch in der Jugendarbeit sehen sie, ebenfalls deutlicher als die SPD, eine Möglichkeit die Gesellschaft zu gestalten. Jugendliche brauchen hiernach Räume, an denen sie „Erfahrungsmöglichkeiten, Unterstützung und Beratung finden" (Bündnis 90 / Die Grünen 2002). Im Wahlprogramm 2002- 2006 positionieren sie sich dafür, dass „junge Lesben und Schwule (..) eines besonderen Schutzes im Coming- Out und einer besonderen Förderung (bedürfen). (…) Selbstbestimmte Strukturen auf den Gebieten der Beratung, Kommunikation, Kunst, Wissenschaft und Jugendkultur wollen wir stärken und fördern (Bündnis 90 / Die Grünen 2002).

Vor diesem Hintergrund bieten sich Bündnis 90 / Die Grünen in jedem Fall als Fürsprecher und Unterstützer schwul- lesbischer Jugendarbeit an. Häufig sind sie es, so auch die Erfahrung im kommunalen Bereich, die sich dem Thema als erste Partei annehmen und es in die politischen Gremien einbringen.

14. Bestehende Angebote und deren Erfahrungen

Interessant für eine Strategie zur Umsetzung einer zielgruppenspezifischen Jugendarbeit für lesbische und schwule Jugendliche ist auch eine Übersicht, welche Angebote in Deutschland bereits umgesetzt wurden und welche Erfahrungen die Akteure hier machten.

Um den Bestand an Angeboten zu ermitteln, habe ich einige Fragen in einem Fragebogen zusammengefasst und diesen an die Landesregierungen (Beauftragte oder Referate für gleichgeschlechtliche Lebensformen) und an die größeren schwul- lesbischen Verbände in den einzelnen Bundesländern geschickt. Mit einigen ausgewählten Trägern fanden im Anschluss Gespräche statt.

Festzustellen ist, dass es in beinahe jeder größeren Stadt eine von Jugendlichen oder Schwulen- und Lesbenverbänden organisierte schwule oder schwul- lesbische Jugendgruppe gibt. Diese Jugendgruppen werden in der Regel von einem Organisationsteam, bestehend aus einigen aktiven Jugendlichen organisiert und finden meist einmal in der Woche an einem festen Ort statt. Dieser Ort ist häufig eine schwule oder schwul- lesbische Kneipe oder ein Cafe; in vielen Fällen nutzen die Gruppen aber auch Gruppenräume in Schwul- Lesbischen Zentren oder AIDS- Hilfen. Teilweise finden die Treffen auch in zur Verfügung gestellten Räumen von Familienberatungsstellen, wie z.B. der ProFamilia statt. In ihrer Organisationsform sind diese ehrenamtlichen Projekte sehr unterschiedlich. Eigene eingetragene Vereine oder aber ein Anschluss an schwul- lesbische Verbände und AIDS- Hilfen sind die häufigste Organisationsform; einige Jugendgruppen verstehen sich allerdings mehr als Jugendcliquen und haben somit, abgesehen von einigen Aktiven als Orga-Team, keine feste Struktur.

Einige an Schwulen- und Lesbenberatungsstellen oder AIDS- Hilfen angeschlossene Jugendgruppen werden durch eine Fachkraft begleitet, so zum Beispiel die Jugendgruppen der Schwulenberatung Berlin, der Rosa Strippe in Bochum oder des Magnus- Hirschfeld Zentrum in Hamburg. Hier übernimmt ein bestehender Mitarbeiter die Begleitung der Jugendgruppe als einen Teil seiner Aufgaben. In einigen Bundesländern z.B. Schleswig- Holstein und Niedersachen gibt es Beratungs- und Informationszentren für schwule und lesbische Jugendliche. Bei „NaSowas" in Schleswig- Holstein oder „Knackpunkt" in Niedersachen haben schwule und lesbische Jugendliche die Möglichkeit sich durch Fachkräfte beraten zu lassen oder an einem offenen Treff bzw. einer Jugendgruppe teilzunehmen. Die genannten Jugendinformationszentren haben zusätzlich die Aufgabe die Jugendgruppen im Land zu stärken und zu fördern, indem sie z.B. Gruppenleiterschulungen anbieten, landesweite Aktionen für lesbische und schwule Jugendliche organisieren, allgemeine Jugendverbände bezüglich des Themas „Lesben und Schwule" zu beraten oder auch Jugendgruppen zu unterstützen vor Ort, z.B. durch kommunale Zuschüsse ihre Struktur zu stärken. Diese beiden Jugendinformationszentren wurden mit Unterstützung und Förderung durch die

Referate für gleichgeschlechtliche Lebensformen erreicht. Nach zahlreichen Gesprächen mit der Kommune wird Knackpunkt nun durch die Stadt Hannover gefördert.

In Nordrhein- Westfalen existieren derzeit 5 eigene schwul- lesbische Jugendzentren in Aachen, Essen, Gelsenkirchen, Köln und Mülheim an der Ruhr. Vier hiervon werden von mindestens einer hauptamtlichen Kraft begleitet. Das erste „ThePoint" in Gelsenkirchen wurde ähnlich wie die Einrichtungen in Schleswig- Holstein und Niedersachen als Jugendinformationszentrum gegründet und als Modellprojekt durch das Land NRW gefördert. Auch das wohl bekannteste deutsche Jugendzentrum für lesbische und schwule Jugendliche, dass anyway in Köln wurde zu Beginn zur Hälfte aus Landesmitteln, sowie durch Unterstützung des Referates für gleichgeschlechtliche Lebensformen gefördert. Mittlerweile werden die nordrhein-westfälischen Jugendzentren überwiegend kommunal gefördert.

In Berlin werden verschiedene schwul-lesbische Träger für schwul- lesbische Jugendarbeit, ebenfalls mit Unterstützung des Referates für gleichgeschlechtliche Lebensformen gefördert. Hier gibt es zum Beispiel den ersten schwul- lesbischen Träger für betreutes Wohnen von lesbischen und schwulen Jugendlichen in Deutschland.

In Hessen gibt es bisher nur eine Lesbenberatungsstelle, die speziell für Jugendarbeit mit lesbischen Mädchen eine, über die Kommune finanzierte Fachkraft, vorhält.

Weitere hauptamtlich begleitete Jugendprojekte in den genannten oder in anderen Bundesländern sind laut der vorliegenden Fragebögen nicht bekannt.

Es ist festzustellen, dass die Referate für gleichgeschlechtliche Lebensformen häufig einen nicht unerheblichen Beitrag bei der Errichtung der Strukturen im schwul- lesbischen Jugendbereich, sei es durch Förderung mit eigenen Haushaltsmitteln oder durch Vermittlung und Fürsprache geleistet haben. Häufig waren auch Dachverbände, wie schwul- lesbische Landesnetzwerke oder Landesverbände von AIDS- Hilfen wichtige Unterstützer, die zukünftigen Träger von schwul- lesbischen Jugendzentren beraten und mit Lobbyarbeit begleitet haben, wie z.B. bei der Gründung des anyway in Köln (vgl. Norenkemper 2004).

Ebenso stellt das bundesweit tätige Jugendnetzwerk Lambda, das sich als Jugendverband für schwule und lesbische Jugendliche versteht, einen in den meisten Bundesländern etablierten Träger der Jugendhilfe dar, der ihm angeschlossene schwul- lesbische Jugendgruppen durch Beratung und Lobbyarbeit bei der Stärkung ihrer Strukturen unterstützt (vgl. Kopp 2004).

Auch der Paritätische Wohlfahrtsverband, dem die meisten organisierten schwul- lesbischen Verbände angeschlossen sind, und das Paritätische Jugendwerk waren in einigen Fällen, wie zum Beispiel bei der Gründung des schwul- lesbischen Jugendzentrums in Essen durch Beratung und Lobbyarbeit vor allem auf kommunaler Ebene wichtige Partner (vgl. Lemke 2004).

Alle Befragten gaben an, dass zahlreiche Gespräche mit allen politischen Parteien notwendig waren. Dies hat bei den befragten Einrichtungen dazu geführt, dass sie durch alle kommunalen Ratsfraktionen unterstützt und gefördert werden. Wichtig sei vor allem eine klare Trägerstruktur und eine inhaltliche Diskussion, in der zum einen Vorurteile abgebaut werden und die Parteien davon überzeugt werden müssen, dass ein derartiges Angebot für die Zielgruppe wichtig, notwendig und sinnvoll ist (vgl. Norenkemper 2004).

Julia Beekes vom Sozialverein für Lesben und Schwule e.V., Träger des Jugendzentrum enterpride in Mülheim an der Ruhr und des Cafe Vielfalt in Essen, kann dies nur bestätigen und stellt auch die Bedeutung der Jugend- und Wohlfahrtsverbände heraus. „Neben den Parteien dürfen die Arbeitsgemeinschaften der Jugend- und Wohlfahrtsverbände nicht vergessen werden. Sie für besondere Angebote für lesbische und schwule Jugendliche zu gewinnen, ist häufig schwieriger, als bei den Parteien." (Beekes 2004). Dies liegt, laut Beekes, zum einen daran, dass sie durch ihre zentralen Werte eine besondere Beachtung schwuler und lesbischer Jugendlicher ablehnen und zum anderen, dass sie fürchten, dass durch die Einbeziehung eines neuen Trägers die zur Verfügung stehenden Geldmittel weiter aufgeteilt werden, so dass bei ihnen Mittel fehlen (vgl. Beekes 2004). Dies ist auch aus Sicht von Andreas Sommer, Landesgeschäftsführer des Jugendnetzwerks Lambda NRW der Grund dafür, dass die Jugendverbände zögern das schwul- lesbische

Jugendnetzwerk als Vollmitglied in den Landesjugendring aufzunehmen (vgl. Sommer 2004). Wichtig sei aus diesem Grunde auch die Vernetzung mit anderen Trägern in Stadtjugendring und Arbeitsgemeinschaften der Offenen Türen (AGOT). „Hier müssen schwule und lesbische Jugendliche Präsenz zeigen und für ihre Angebote streiten." (Beekes 2004).

Um die Verbände als Akteure der Jugendhilfe zu überzeugen, eignen sich nach Katrin Lemke vor allem auch Fachtagungen (vgl. Lemke 2004). „In diesem Rahmen können MitarbeiterInnen in den Verbänden viel über die Lebenslagen schwuler und lesbischer Jugendlicher erfahren und mit den Jugendlichen über ihre Bedarfe sprechen." (Lemke 2004).

Alle Träger beklagen das mangelnde Angebot für schwule und lesbische Jugendliche vor allem in ländlichen Regionen. Da hier der Bedarf an einer eigenen Einrichtung noch nicht geklärt bzw. schwieriger darstellbar ist, müssen hierfür geeignete Konzepte entwickelt werden. Gerade in den letzten Jahren gestaltet sich die Gründung neuer schwul- lesbischer Jugendzentren auch in großen Städten auf Grund schwacher kommunaler Haushalte schwieriger. Kai Denker von der Jugendgruppe „our generation" in Frankfurt führt hierzu aus, dass trotz intensivem Bemühen von Seiten der Jugendgruppe in Richtung schwul- lesbische Jugendeinrichtung bisher keine Erfolge zu verzeichnen sind. Als Grund hierfür wurde der Jugendgruppe die „Finanznot der Stadt Frankfurt" von allen Parteien genannt (vgl. Denker 2004).

15. Wichtige Maßnahmen zur Umsetzung einer schwul-lesbischen Jugendeinrichtung

In diesem Abschnitt möchte ich wichtige Bausteine zur Realisierung einer schwul-lesbischen Jugendeinrichtung darstellen. Hierbei nutze ich die Ergebnisse aus den vorangegangenen Kapiteln und fasse diese zusammen.

Um eine öffentliche Förderung zu erreichen ist eine geeignete Organisationsform notwendig. Möglich ist hier die Gründung eines eigenen eingetragenen Vereins oder aber der Anschluss an einen bestehenden eingetragenen Verein, wie z.B. schwul- lesbische Selbsthilfevereine, AIDS-Hilfen oder das Jugendnetzwerk Lambda. In der Satzung dieses Vereins muss, neben anderen formalen Notwendigkeiten, die sich aus dem Bürgerlichen Gesetzbuch ergeben, als Ziele die Jugendarbeit angegeben sein. Klar werden muss ebenso, dass der Verein ausschließlich gemeinnützige Ziele verfolgt. Die Gemeinnützigkeit, mit der zahlreiche steuerliche Vorteile verbunden sind, sollte beim zuständigen Finanzamt beantragt werden.

Im Anschluss sollte der Verein die Anerkennung als Träger der freien Jugendhilfe gemäß § 75 beim zuständigen Jugendhilfeausschuss beantragen. Zu beachten ist hierbei, dass ein Anspruch auf Annerkennung in der Regel erst nach 3 Jahren besteht. Nach diesen Schritten steht der Förderung einer schwul- lesbischen Jugendeinrichtung aus formaler Sicht nichts mehr im Weg. Der Träger kann Anträge auf Förderung an den kommunalen Jugendhilfeausschuss stellen, der dann über die Förderung entscheidet. Bei der Beantragung sollte der Bedarf für die Maßnahme, die Zielgruppe und die Ziele der Angebote, sowie die Arbeitsweisen deutlich dargestellt sein. Bei der Formulierung der Antragsbegründung besteht die Möglichkeit auf das KJHG und die hier dargestellten Anknüpfungsmöglichkeiten zurückzugreifen. Außerdem ist ein Finanzierungsplan dem Antrag beizufügen, aus dem alle Einnahmen und Ausgaben in Positionen zusammengefasst ersichtlich sind. In der Regel werden aus öffentlichen Mittel maximal 95 % der entstehenden Kosten gefördert. Im Finanzierungsplan muss also auch der notwendige Eigenanteil, der über Veranstaltungen, Spenden und Mitgliedsbeiträge zu erwirtschaften ist, ausgewiesen sein.

Vor allem in der Aufbauzeit sind Förderungen durch Referate für gleichgeschlechtliche Lebensformen sinnvoll und notwendig. Durch diese Förderung kann auch zum Teil die Öffentlichkeits- und Informationsarbeit finanziert werden.

Wie oben dargestellt ist die Förderung einer schwul- lesbischen Jugendeinrichtung möglich, hängt allerdings vom politischen Willen ab. Alle befragten Träger hoben so den besonderen Stellenwert der Vernetzung und

Lobbyarbeit hervor. Hierzu gehört andere Verbände als Partner zu gewinnen. Aus diesem Grunde macht es häufig Sinn, sich als neuer Träger etablierten (Dach-)Verbänden anzuschließen. Besonders eignen sich hierfür regionale und landesweite Schwulen- und Lesbenverbände, örtliche und landesweite AIDS-Hilfen sowie der Paritätische Wohlfahrtsverband. Diese Verbände, die in der Regel über erfahrene haupt- und ehrenamtliche Mitarbeiter verfügen, bieten den Initiativen zum einen Beratung bei der Wahl der Organisationsform und Beantragung von Mitteln, und stellen zum anderen wichtige Fürsprecher in den Strukturen der Sozialpolitik dar. Außerdem findet über die Verbände, vor allem auf Landesebene eine wichtige Vernetzung statt, durch die man von den Erfahrungen anderer Träger profitieren kann.

Häufig sinnvoll ist auch eine Mitgliedschaft in den Arbeitsgemeinschaften der offenen Türen und den (Stadt-) Jugendringen. Auch diese können wichtige Unterstützer auf dem weiteren Weg darstellen. Häufig ist dies, wie die Erfahrungen bestehender Einrichtungen zeigen, mit viel Informations- und Überzeugungsarbeit verbunden. So wurde der Leiterin des Jugendzentrums „enterpride" Julia Beekes, als es um die Aufnahme in den Stadtjugendring ging u.a. die Frage gestellt, wie man es denn bei der Jugendarbeit mit lesbischen und schwulen Jugendlichen mit dem Jugendschutz halte (vgl. Beekes 2004). Dies zeigt, dass gerade auch schwul- lesbischen Initiativen in den Jugendhilfestrukturen häufig mit Vorbehalten begegnet wird, die es durch Information zu beseitigen gilt. Hilfreich sind hier auch Veröffentlichungen der Referate für gleichgeschlechtliche Lebensformen. Durch die Herausgabe durch die Landesregierung wird ihnen ein hohes Maß an Seriösität zugeschrieben.

Auch die Mitarbeiter der Jugendämter können, nachdem sie von der Notwendigkeit überzeugt wurden, wichtige Unterstützer darstellen. Es empfiehlt sich daher möglichst früh den Kontakt zu den zuständigen Sachbearbeitern herzustellen und ihnen von dem Vorhaben zu berichten. Sie sind vor allem auch wichtige Berater bezüglich der Beantragung von Fördermitteln. Für das Jugendamt ist nicht zuletzt entscheidend, dass der Träger durch Anträge und Auftreten glauben lässt, dass er mit der Verwendung und Abrechnung möglicher Zuschüsse ein seriöser Partner ist. Vor allem bei Initiativgruppen befürchten die Mitarbeiter häufig, dass hierbei ein Chaos und für sie Mehr-

Arbeit entsteht. Außerdem ist beim Kontakt mit dem Jugendamt zu bedenken, dass durch die Einbindung der etablierten Träger in das System kollegiale Verbindungen entstanden sind, die dazu führen können, dass zunächst neue Träger und Angebote, auch im Hinblick auf die dadurch anstehende Umverteilung von Mitteln zu Ungunsten der etablierten Träger, abgeblockt werden. Gemeinsam mit den Mitarbeitern des Jugendamtes sollte daher auch eine Strategie entwickelt werden, wie es möglich werden kann, dass durch Erhöhung des Jugendetats der Kommune eine neue Einrichtung bezuschusst wird, ohne dass eine Umverteilung stattfinden muss.

Der Kontakt sollte darüber hinaus zu alle politischen Parteien gesucht werden. Hierzu sollten mindestens Gespräche mit den jugend- und sozialpolitischen Sprechern der Parteien und Fraktionen stattfinden. In diesen Gesprächen sollte der Bedarf, sowie das Konzept vorgestellt werden. Ein schriftlich fixiertes Konzept hilft bei der späteren mündlichen Argumentation und kann auch als Tischvorlage oder als Informationsbroschüre zur Mitnahme und weitergehenden Beschäftigung der Politiker dienen. Zur Vorbereitung der Gespräche ist es empfehlenswert, sich zuvor, wie oben mit den Zielen zu beschäftigen, die die einzelnen Parteien durch Sozialpolitik erreichen wollen. Hiernach kann die Argumentation angepasst werden. Während bei Gesprächen mit Vertretern der CDU tendenziell eher die benachteiligende Lebenslage der einzelnen Jugendlichen als Begründung in den Fordergrund gestellt werden sollte, ist bei Gesprächen mit Vertretern von Bündnis 90 / Die Grünen auch der emanzipative Charakter einer schwul- lesbischen Jugendeinrichtung hervorzuheben. In diesen Gesprächen sollte erreicht werden, dass bestehende Vorurteile abgebaut werden, die Politiker sich mit der Situation lesbischer und schwuler Jugendlicher auseinandersetzen und hier Bedarfe für eine besondere Förderung erkennen.
In diesem Zusammenhang ist auch die Abhängigkeit der Parteien von Wählerstimmen und somit anderen Verbänden zu betrachten. Zum einen ist es Politikern daher wichtig, dass sie mit einer Entscheidung für eine schwul-lesbische Jugendeinrichtung keine Verbände und Wähler verprellen und zum anderen möglicherweise Wählerstimmen gewinnen. Aus dem ersten Grund regen die Politiker häufig eine Auseinandersetzung mit den anderen

Jugendhilfeträgern an, so dass sie die Entscheidung mittragen. Häufig geschieht dieses über Fachtagungen, auf denen Jugendpolitiker, Verbandsvertreter, sowie Praktiker aus der Jugendarbeit und Jugendamt informiert werden und gemeinsam über Unterstützungsmöglichkeiten für schwule und lesbische Jugendliche nachdenken.

Auch das Wahlpotential der Schwulen und Lesben ist mittlerweile in den Blick zahlreicher Politiker und ihren Parteien gerückt, was nicht zuletzt auch daran zu erkennen ist, dass einige Parteien sich auf den jährlichen Kundgebungen zum Christopher- Street- Day mit eigenen Wagen und Ständen beteiligen. Kein Wunder machen Schwule und Lesben doch immerhin 5- 10% der Bevölkerung aus. Aus einer Studie zur Lebenssituation schwuler Jugendlicher aus Niedersachen ist zudem bekannt, dass schwule Jugendliche sich häufiger in politischen Parteien engagieren als heterosexuelle Jugendliche (vgl. Biechele u.a. 2001). „Bei aller Vorsicht, mit der diese Ergebnisse zu genießen sind, ist dennoch evident, dass nicht nur das politische Interesse, sondern auch die Wahlmobilisierung außerordentlich hoch ist." (Biechele u.a. 2001).

Um Kommunalpolitik die Bedeutung von schwul- lesbischer Jugendarbeit deutlich zu machen, ist eine Präsenz in der allgemeinen Öffentlichkeit nicht zu vernachlässigen. Hierbei helfen Pressemitteilungen, Flyer und Broschüren, aber vor allem auch öffentliche Aktionen, wie zum Beispiel Stände auf Stadtfesten o.ä..

Zu bedenken ist, dass „die Einflussmöglichkeiten von BürgerInnen auf die Politik (..) nirgends so groß (sind), wie gerade auf der kommunalen Ebene. (…) Einer aktiven und kontinuierlichen Lobbyarbeit kann sich auf Dauer kaum eine Partei auf kommunaler Ebene entziehen" (LSVD o.J.). Vor allem notwendig ist die kontinuierliche Kontaktpflege zu Kommunalpolitikern, Jugendverwaltung und Jugendverbänden. „Denn wichtiger als die kurzfristige Beeinflussung (…) ist die langfristige Kontaktpflege mit Abgeordneten und insbesondere den Fraktionen." (von Alemann 1996). Dies ist nicht nur bei eigens angesetzten Terminen möglich, sondern auch durch die Teilnahme an den zahlreichen öffentlichen Veranstaltungen, wie Stadtfesten u.a.. Hier finden informell häufig wichtige Gespräche statt und werden Kontakte gepflegt. Der gute und regelmäßige

Kontakt zu einzelnen Politikern ist auch schon aus dem Grund sinnvoll, da sie häufig innerhalb ihrer Parteien und Fraktionen Fürsprecher und Unterstützer sind.

Wie auch in anderen Verbänden sollte es somit das Ziel schwul- lesbischer Jugendinitiativen sein, möglichst fest verankert im System der Jugendarbeit und Jugendpolitik zu sein.

Quellenangabe

Alemann, Ulrich von (1996): Aktionsformen der Verbände. München In:
www.bpb.de/publikationen/PE3AIV,1,0,Aktionsformen_der_Verb%E4nde.html#
art1 11.07.2004, 15:40

Baacke, Dieter (1985): Einführung in die außerschulische Pädagogik. Weinheim

Beck, Ulrich (2001):Zeitalter des eigenen Lebens. In:
www.bpb.de/publikationen/1TZNM9,0,0,Das_Zeitalter_des_eigenen_Lebens.ht
ml 11.07.2004, 16:30

Beekes, Julia (Leiterin Jugendzentrum enterpride / Mülheim an der Ruhr):
Gespräch am 09.07.2004

Belardi Nando u.a. (2001): Beratung, Eine sozialpädagogische Einführung.
Weinheim

Bellermann, Martin (2001): Sozialpolitik. Freiburg im Breisgau

Biechele, U. / Reisbeck, G. / Keupp, H. (2001): Studie zur Lebenssituation
schwuler Jugendlicher. Hannover

Bild- Zeitung: „Schwulenbüro" für Rot- Grün kostet 1,9 Mio Mark im Jahr. vom
04.09.1996

Bochow, M. (1993): Einstellungen und Werthaltungen zu homosexuellen
Männern in Ost- und Westdeutschland. In: Cornelia Lange (Hrsg.): AIDS- eine
Forschungsbilanz. Berlin, 115- 128

Böhnisch, Lothar (1997): Sozialpädagogik der Lebensalter. Weinheim
Böhnisch, Lothar / Münchmeier, Richard (1990): Pädagogik des Jugendraumes.
Weinheim

Boeßenecker, Karl-Heinz; Trube, Achim; Wohlfahrt Norbert (Hrsg.) (2001): Verwaltungsreform von untern?. Münster

Brucker, Silke; Fuhrmann, Hans; Holzkamp, Christiane; Lähnemann, Lela; Lehmann, Peter (1993): Lesbisch-schwul-heterosexuell. Konzeptionelle Überlegungen zur Bildungsarbeit mit Jugendlichen und Erwachsenen. In: Senatsverwaltung für Jugend und Familie, Referat für gleichgeschlechtliche Lebensformen (Hrsg.): Pädagogischer Kongress: Lebensformen und Sexualität. Berlin

Bündnis 90 / Die Grünen (2002): Die Zukunft ist grün – Grundsatzprogramm. Berlin

Bundesarbeitsgemeinschaft der Landesjugendämter (2003): Sexuelle Orientierung ist ein relevantes Thema der Jugendhilfe – Beschluss auf der 94. Arbeitstagung. Schwerin

Bundeszentrale für politische Bildung (1996): Parteiendemokratie in www.bpb.de/publikationen/043136866804730781528652098318 77,,0,parteiend emokratie.html 11.07.2004, 15:00

CDU (1994): Grundsatzprogramm der CDU. Bonn, In: www.cdu.de/politik-a-z/db-grundsatzprogramm.htm 29.06.2004, 14:00

CDU Bundesvorstand (2000): Stellungnahme zum Gesetzesentwurf der Bundesregierung von gleichgeschlechtlichen Lebensgemeinschaften. Berlin

Denker, Kai (Vorstand Our Generation e.V. / Frankfurt): Telefonat am 08.07.2004

FDP (2002): Bürgerprogramm 2002. Mannheim, In: www.fdp.de/portal/pdf/Buergerprogramm2002i.doc 04.07.2004 15:30

Galuske, Michael (2001): Methoden der Sozialen Arbeit. Weinheim

Gudjons, Herbert (1999): Pädagogisches Grundwissen. Bad Heilbrunn

Grundgesetz der Bundesrepublik Deutschland, In: Ulrich Stascheit (Hrsg.): Gesetze für Sozialberufe, 2001. Baden- Baden

Hark, Sabine (2000): Neue Chancen – Alte Zwänge. Düsseldorf

Helmer, Karl (1999): Praxisfeld Jugendarbeit. In: Bardy E., Buchka M. und Knapp R.: Pädagogik, Grundlagen und Arbeitsfelder. Köln, 325- 348

Hörz, P (1999): Dem Sosein Entfaltungsräume schaffen. In: Hofsäss, Thomas: Jugendhilfe und gleichgeschlechtliche Orientierung. Berlin, 45- 64

Hofsäss, Thomas (1999): Jugendhilfe und gleichgeschlechtliche Orientierung – Ein Problemaufriss, In: Hofsäss, Thomas: Jugendhilfe und gleichgeschlechtliche Orientierung. Berlin, 7- 20

Hofsäss, Thomas (1999): Exkurs zum Suizidverhalten von Jugendlichen mit gleichgeschlechtlicher Orientierung. In: Senatsverwaltung für Schule, Jugend und Sport, Fachbereich für gleichgeschlechtliche Lebensweisen (Hrsg.): Sie liebt Sie – Er liebt Ihn. Berlin, 82- 88

Kerntopf, Gabriele: Lesbisch, Schwul, Bisexuell… Ein Thema in der Jugendarbeit. Referat zum 6. Schlossgespräch des Landesjugendamtes Brandenburg am 13.12.2000

Kopp, Thorsten (Vorstand Lambda Nord): Telefonat am 08.07.2004

Knapp (1999): Gleichgeschlechtliche Orientierung in ausgewählten Projekten der Jugendhilfe in Halle/ Saale, In: Hofsäss, Thomas: Jugendhilfe und gleichgeschlechtliche Orientierung. Berlin, 65- 78

Kress, Elke (Mitarbeiterin der LBS Frankfurt): Telefonat am 08.07.2004

Landtag NRW (1991a): DRS. 11/2144, Antrag der Fraktion Die Grünen: Die Gewalt gegen Schwule bekämpfen – Landespolitisches Maßnahmenprogramm. Düsseldorf

Landtag NRW (1991b): Plenarprotokoll 11/46. Düsseldorf

LSVD (o.J.): Kommunalpolitik für Lesben und Schwule. o.O. In: www.lsvd.de/themen/kommun.htm 23.06, 12:00

Landtag NRW (1991c): DRS. 11/2900, Änderungsantrag der Fraktion die Grünen. Düsseldorf

Lemke, Katrin (Leiterin Jugendzentrum Cafe Vielfalt / Essen): Telefonat am 08.07.2004

Mücke, Detlef (1993): Das (Nicht-) Vorkommen von Lesben und Schwulen in Schulgesetzen, Rahmenplänen und Lehrbüchern – politische Forderungen und Perspektiven. In: Senatsverwaltung für Jugend und Familie, Referat für gleichgeschlechtliche Lebensweisen (Hrsg.): Pädagogischer Kongress: Lebensformen und Sexualität. Berlin, 79- 101

Norenkemper, Sven (Leiter Jugendzentrum anyway / Köln): Telefonat am 08.07.2004

Schubert / Klein (2001): Das Politiklexicon. Bonn

SGB VIII, In: Ulrich Stascheit (Hrsg.): Gesetze für Sozialberufe, 2001. Baden-Baden

Sickendiek, Ursel / Engel, Frank / Nestmann, Frank (2002): Beratung. Weinheim

72

SPD (1998): Grundsatzprogramm der Sozialdemokratischen Partei Deutschlands. Bonn, In: www.spd.de/servlet/PB/show/1010243/programmdebatte_grundsatzprogramm. pdf 02.07.2004, 21:30

SPD (2001): Beschlussbuch des Parteitages in Nürnberg vom 19. -22.11.2001, In: www.spd.de/servlet/PB/show/1010138/beschkussbuch.pdf 02.07.2004, 22:00

Sommer, Andreas (Landesgeschäftsführer des Jugendnetzwerk Lambda NRW e.V.): Telefonat am 08.07.2004

Thüringer Landtag (2001): DRS 3/1608 Antwort des Thüringer Ministeriums für Soziales, Familie und Gesundheit auf die Große Anfrage der Fraktion der PDS: Situation lesbischer und schwuler Menschen in Thüringen

CPSIA information can be obtained
at www.ICGtesting.com
Printed in the USA
BVOW03s1349030717

488401BV00001B/18/P